AF405014

MÉMOIRES

POUR SERVIR A

L'HISTOIRE DE L'ADMINISTRATION MUNICIPALE

DE MONTBRISON

D'AOUT 1855 A SEPTEMBRE 1861

PAR

L. DE SAINT-PULGENT

ANCIEN MAIRE

SAINT-ÉTIENNE

IMPRIMERIE DE V° THÉOLIER & C°,

Rue Gérentet, 12.

—

1871

Contre les uns et les autres, nous avons
un rempart tutélaire dans la raison des masses,
qui est l'arbitre suprême.

(*Dictionnaire politique.*)

Je dois compte à mes concitoyens des motifs de cette publication.

Je n'aurais jamais pu prévoir que les événements m'obligeraient un jour à écrire l'histoire de mon administration municipale et à la défendre contre des imputations mensongères. Elle a été attaquée et dénaturée : on a nié ses résultats, blâmé son but, perverti mes intentions ; on a dit surtout que j'avais fait le vide dans la caisse, et commencé la brèche financière qui a toujours été en s'élargissant.

J'ai l'esprit assez large et les tendances assez libérales, trois départements le savent de reste, pour supporter sans impatience les critiques qui s'adressent à mon administration. Ce n'est que par la critique qu'on peut s'éclairer sur les fautes commises ou le bien négligé. La dignité personnelle n'a point à souffrir de cette discussion des actes de l'homme public : tout au contraire. Mais ce dont elle doit se soucier, c'est de la calomnie, et de ce travail de démolition qui conteste, avec une mauvaise foi flagrante, le but, les moyens, les résultats, jette le doute sur les meilleures intentions, et, par des mensonges habilement présentés, modifie les appréciations du public le mieux disposé et l'entraîne dans les erreurs les plus grossières.

Lorsque je quittai la mairie, j'aurais dû faire ma caisse. Quelques amis me dirent alors que la plus vulgaire prudence me le conseillait ; qu'il fallait constater très-nettement la situation dans laquelle je laissais les finances de la ville et établir une balance entre le passif et l'actif de mon administration.

Je ne crus ni à l'opportunité et encore moins à la nécessité d'une semblable précaution. Ç'eut été, dans ma pensée, blesser la légitime susceptibilité du conseil municipal avec lequel j'administrais depuis six ans et auquel remontait, en même temps qu'à moi, la responsabilité des choses bonnes ou mauvaises ; ç'eut été faire acte de méfiance vulgaire, et au moins prématurée, vis-à-vis du successeur qui me serait donné.

Je n'en fis donc rien. Je quittai l'Hôtel-de-Ville la tête haute, l'âme attristée, le cœur rempli du regret de me séparer d'une administration à laquelle je m'étais donné tout entier ; mais, en même temps, la conscience satisfaite du bien accompli et parfaitement rassurée sur les moyens que j'avais employés. Je laissai les bureaux, les archives et mon cabinet, sans rien enlever, même de ma correspondance particulière ; je n'avais rien à cacher. J'ai toujours eu pour habitude de faire de l'administration au grand jour ; et il n'est pas un des dossiers de ma mairie ou de mes préfectures que je ne puisse jeter sur la voie publique et donner en pâture à la curiosité de tous.

Je ne fis donc rien, et je laissai se continuer la gestion des finances municipales sans établir une ligne de démarcation au point où finissait ma responsabilité et où allait commencer celle des autres.

J'eus tort, je l'avoue franchement.

Car une rumeur, partie d'un coin isolé et de malveillances bien circonscrites, dans un but que je sais bien, mais que personne n'a eu et n'aura le courage d'avouer. ne tarda pas à surgir sur les dettes énormes dont j'avais laissé la ville grévée.

« On dit, m'écrivait-on déjà à la date du 29 décembre, que vous avez obéré la ville. »

Cette rumeur alla, comme va la calomnie.... en suivant toutes les étapes qu'a si bien décrites Beaumarchais, *Rinforzando*, toujours en grossissant, encouragée par le silence calculé des uns, par la réticence des autres, par les excitations de ceux-ci, par les intérêts mesquins de ceux-là. La bonne volonté de mes amis m'aurait protégé contre ce flot montant d'une petite mer qui s'était creusée après moi; mais ils ne connaissaient pas les détails des divers comptes ; ils pensaient d'ailleurs que mon ancienne popularité me protégerait suffisamment contre les inepties qui se débitaient, et auxquelles mon absence laissait prendre racine sur le sol Montbrisonnais, comme les mauvaises herbes que la pioche ne touche jamais.

J'en fus informé, presque officiellement, un peu tard déjà :
c'était à la fin de 1865, quatre ans après mon départ. Mais
j'étais, d'une part, tellement convaincu que la lumière se ferait,
que je n'en tins pas compte. D'autre part, je ne me doutais pas
à quel point ce préjugé avait créance dans une certaine partie
du public. Je l'ai appris officiellement par l'*Eclaireur* du 5 mai.

Ce qui se disait dans l'ombre et en mon absence, un
méchant correspondant, auquel j'ai décidément fait trop d'honneur en cherchant à le connaître pour lui répondre (1), l'a
crié aux quatre coins du département. « Les Montbrison-
« nais, dit-il, savent ce que leur a coûté le passage de M.
« de Saint-Pulgent à la mairie, il y a quelques années :
« car c'est de cette époque que date le mauvais état de nos
« finances. »

Si cette imputation ne fut éclose que de la plume em-
poisonnée de ce M. X, je n'y aurais point pris garde. Mais
je sais que d'autres personnes l'ont ramassée pour leur propre
compte, ajoutant que j'avais fait de l'administration *somp-
tuaire*. Je ne veux pas rester sous le coup de ces accusations.

Je dois à mes concitoyens de leur rendre un compte exact
du mandat qu'ils m'ont confié en 1855, alors qu'ils me connaissaient à peine, et de celui qu'ils m'ont renouvelé en 1860
en me nommant à l'unanimité de leurs suffrages, moins deux
ou trois voix, alors qu'ils me voyaient à l'œuvre depuis cinq
ans. Je ne veux pas qu'ils puissent regretter cette confiance
qu'ils m'ont témoignée *et croire qu'ils aient été dupes d'une
comédie que je jouais à mon profit.* S'ils ont donné à mon
orgueil et à mon patriotisme la plus vive et la plus sincère
des jouissances que j'aie jamais éprouvées, je tiens à ce qu'ils
sachent que j'en étais digne. Aussi est-ce à eux tous que j'a-
dresse le compte rendu moral et financier de mon administration.

Il fera justice, en passant, de deux ou trois vilenies conte-
nues dans la correspondance anonyme, et que je ne regrette
que parce qu'en voulant m'éclabousser, ce dont je me soucie
médiocrement, on a éclaboussé et insulté en même temps le
conseil municipal qui était alors aux affaires ; et la chose me
touche plus vivement.

(1) Après la publication de cette correspondance anonyme, je publiai, dans
l'*Eclaireur* du 10 mai, une lettre pour inviter, au nom des sentiments d'honneur et de loyauté, l'auteur à se faire connaître. — Silence dans l'*Eclaireur*
jusques au mardi 16. — Ce jour-là j'allai voir M. de Rolland, rédacteur en
chef, qui me renvoya à M. Mortier, administrateur, et ce dernier me répondit
qu'il ne voulait point compromettre son correspondant en me le faisant connaître;
mais qu'il allait lui demander l'autorisation de me dire son nom. — Cette autorisation a été refusée, puisque aujourd'hui, à la date du 20 juin, je ne sais rien.

Le travail qui va suivre sera divisé en trois parties.

La première comprendra le récit chronologique et abrégé de mon administration. La seconde traitera plus particulièrement et avec quelques détails des améliorations que nous avons réalisées dans la ville de Montbrison depuis le 15 août 1855 jusqu'au mois d'octobre 1861. Dans la troisième, j'établirai par des chiffres que, malgré les dépenses considérables occasionnées par ces importantes améliorations, la situation financiére de la ville n'était point altérée, et que les dettes courantes laissése à mon départ ne dépassaient pas celles que j'avais trouvées à mon entrée en fonction, malgré des affirmations officielles.

Dans les lignes qui vont suivre, je vais être obligé de parler un peu de moi, et de dire ou raconter des choses qui, en toute autre circonstance, auraient été déplacées sous ma plume. Mais on voudra bien se rappeler que j'ai été attaqué, et que je me défends : j'ai même été condamné dans une certaine limite; et je viens en appeler à l'opinion publique mieux informée.

MÉMOIRES

POUR SERVIR A

L'HISTOIRE DE L'ADMINISTRATION MUNICIPALE

DE MONTBRISON

I

GESTION ADMINISTRATIVE [1]

Au commencement de l'année 1855, j'administrais la petite commune de Montverdun, lorsque M. Ponsard, alors préfet de la Loire, m'offrit la mairie de Montbrison. Elle était devenue vacante par la nomination de l'honorable et bien regretté M. Durand aux fonctions dé juge au tribunal. Je refusai, d'abord parce que je ne faisais point partie du conseil municipal, et ensuite parce que je croyais cette tâche fort au-dessus de mes forces. L'intérim se prolongea jusqu'au moment des élections municipales. Je fus nommé membre du conseil ; et nous acceptâmes, MM. de Belleperche, Laffay et moi, la mission qui nous était confiée. A peine venions-nous de donner notre consentement, c'était au mois de juillet, qu'un décret, de triste mémoire, transférait le chef-lieu à Saint-Etienne. Nous déposâmes immédiatement notre démission, tant était vive notre douleur en face d'une mesure aussi injuste qu'impolitique, qui dépouillait notre ville de tous ses avantages. Ce ne fut que le 14 août que nous la retirâmes sur les instances pressantes de l'excellent M. Bouvier, me disant qu'il était en cette circonstance l'interprète de tous ses collègues du conseil municipal.

Je ne me faisais point illusion sur les difficultés de ma tâche. L'administration de la ville, dans un moment pareil, n'était point une perspective attrayante. On était autorisé à redouter les conséquences que pourrait avoir, au point de vue politique, le légitime ressentiment de ses habitants ; dans tous les cas, on aurait à lutter contre un décou-

---

[1] Je donne dans ce chapitre le résumé de toutes les délibérations qui peuvent avoir quelque intérêt.

ragement par trop naturel. On avait, en face de soi, une diminution certaine dans les ressources municipales; et ce n'était pas un médiocre embarras, en présence de l'emprunt qu'on venait de contracter. En un mot, tout était atteint, l'intérêt personnel et l'intérêt public, les finances privées et les finances municipales. Le patriotisme Montbrisonnais saignait d'une blessure qui pouvait et devait mettre de longues années à se cicatriser. Il faut vivre, dans les temps où nous sommes, au milieu des paradoxes et des lugubres exentricités qui ont perverti, dans ces derniers mois, le sens moral, pour attribuer à de mesquines considérations la résolution que je pris alors. Je m'inspirai, au contraire, d'un patriotisme d'autant plus ardent que la ville était plus malheureuse; et je pris la ferme résolution de consacrer toutes les forces de mon esprit et toute l'énergie de mon cœur à la relever dans la mesure du possible. Je comptais d'ailleurs sur le conseil municipal qui m'avait promis son concours le plus bienveillant et le plus énergique.

Ma première démarche fut d'aller à Paris pour exposer cette situation au gouvernement et tâcher d'obtenir quelques compensations. Je ne me faisais pas grande illusion sur ce qu'on allait me promettre. Néanmoins, je demandai beaucoup : j'insistai avec énergie pour que des réparations sérieuses nous fussent accordées. Je vis l'Empereur, M. Billault, ministre de l'intérieur, M. Rouher, ministre des travaux publics. Pendant le même voyage, j'allai visiter quelques villes du Nord, dont l'agriculture fait la fortune municipale. Je me préparai, en un mot, du mieux qu'il dépendait de moi, à justifier la confiance de mes concitoyens.

A mon retour, je rendis compte au Conseil du résultat de mes démarches. Une somme de 25,000 fr. nous était allouée pour aider à certains travaux d'utilité publique. Des études allaient être ordonnées pour assainir et irriguer la plaine du Forez, dont la prospérité devait rejaillir sur Montbrison. Enfin, un embranchement sur le chemin de fer de Saint-Etienne à Roanne nous était promis. Dans sa délibération du 8 novembre, M. Bouvier voulut bien me remercier de mes démarches et de leur résultat au nom du Conseil municipal.

Le décret, concédant la ligne de Montbrison à Montrond, fut rendu le 25 décembre suivant. On verra, par la suite, comment il fut modifié.

Le Conseil municipal se composait alors de MM. Bouvier, Griffon, Dulac, Lhote, Couchoud, Pitiot, Chazelle, Escaille, Gouron (Marc), Rey, Georges, Blanc, Laffay, Bournat, Hâtier, Goure neveu, Dubois, Du Chevalard, Lambert et moi.

M. Chavassieu donna sa démission, M. Bernard opta pour Ecotay et M. Dusser pour Saint-Georges.

Les adjoints étaient MM. Laffay et de Belleperche. Ce dernier, quoique non nommé au Conseil municipal, voulut bien, malgré sa répugnance, faire œuvre de patriotisme en acceptant provisoirement.

Le préfet de la Loire, M. Ponsard, vint nous installer le 14 août.

Et le Conseil, pour me donner la mesure de son bienveillant concours et de ses dispositions à mon égard, m'assura qu'il m'accompagnerait le lendemain *au grand complet*, à la cérémonie du *Te Deum !*...

Dans les circonstances où nous étions, au lendemain de notre déchéance, c'était plus que de l'abnégation et du dévouement. Mes collègues voulurent m'inspirer du courage ; ils y réussirent.

Les premiers mois se passèrent à étudier la situation administrative et financière de la ville, et à faire les démarches à Paris et à Saint-Cloud.

Mon administration se préoccupait déjà de l'influence désastreuse que le transfert de la préfecture allait exercer sur les recettes de notre octroi ; et, dès le 7 septembre, je demandai au Conseil l'autorisation d'étudier la perception de nouveaux droits, notamment sur l'avoine et le gibier. Mais, à la séance suivante, il fut convenu que toute décision serait ajournée jusqu'au 1er juillet 1856.

Subvention de 150 fr. à la société d'horticulture. — Transaction avec M. le comte de Villeneuve, acquéreur de M. de Soultrait, pour les terrains cédés à la route du Vizezy (7 septembre 1855).

Le conseil décide que l'élargissement de la Grande Rue et des abords du pont Notre-Dame sera mis à exécution immédiatement — Ajourne les améliorations des abords du pont Sainte-Anne (28 septembre).

Autorisation de faire un préau dans l'ancienne salle d'asile. — Transaction avec Mme Perret sur son appel du jugement du tribunal de Montbrison du 23 février 1854, qui condamnait la ville à 300 fr. de dommages-intérêts, pour avoir installé le dépôt des étalons dans les dépendances de l'hôtel d'Allard, et sur son opposition à la création d'un marché aux chevaux sur le délaissé du jardin d'Allard. — Le Conseil décide la construction d'une halle couverte (6 octobre).

Vote de 2,000 fr. pour ateliers de charité. — M. de Belleperche rend compte des tentatives infructueuses faites auprès des meuniers pour les engager à contribuer au payement de la rente de 630 pour les eaux du Lignon (8 novembre).

Le 31 décembre, tout le personnel des administrations départementales, sauf M. le directeur des contributions indirectes, était installé à Saint-Etienne ; et, le 1er février 1856, la ville de Montbrison passait du rang de chef-lieu de département à celui de sous-préfecture de 3me classe... Tristes étrennes !...

Nous pouvions redouter que le gouvernement, se faisant illusion sur les dispositions politiques d'une ville sacrifiée, nous envoyât un sous-préfet armé en guerre, ce qu'on a appelé depuis un sous-préfet à poigne. Grâces à Dieu, il n'en fût rien.

M. Tézenas, nommé par décret du ....., était un homme d'un caractère doux et conciliant, bienveillant dans ses relations, réservant à tous un accueil des plus courtois. Nature excellente, esprit fin et cultivé, cœur rempli de bonnes inspirations et de franchise, il sut bientôt se concilier les sympathies de ses administrés et la confiance de tous ses collaborateurs. Il n'y a pas jusqu'à sa timidité et sa modestie exagérées, qui ne fussent un charme pour l'homme, pendant qu'elles étaient une force pour l'administrateur, parce que l'une et l'autre étaient naturelles, et partaient d'un bon sentiment, le désir d'être agréable à tous et de ne blesser personne. Son succès à Montbrison a été sérieux et ne s'est pas démenti un seul instant. Je ne crains pas d'affirmer que le sous-préfet, par ses qualités et son administration sans prétention et sans allures trop officielles, Madame Tézenas, par sa grâce exquise et ses bons procédés vis-à-vis de toutes les classes de la population, n'aient contribué, pour une large part, à adoucir l'amertume causée par la perte du chef-lieu. Cette appréciation, qui fut celle de tout le monde, à Montbrison, était partagée par l'arrondissement tout entier.

Quelques temps après, M. Ponsard, que j'ai toujours trouvé très-empressé à me seconder dans les commencements si difficiles d'une administration, mais dont la ville, malgré l'estime qu'elle avait pour son caractère, ne pouvait oublier l'active collaboration aux mesures qui préparèrent le transfert, fut remplacé par M. Thuilier, comme préfet de la Loire.

Je ne veux pas tracer ici le portrait de cet homme si considérable, enlevé, dans la force de l'âge, à une brillante carrière et à un avenir que tout faisait présager plus brillant encore. Il a été diversement jugé dans la Loire, et peut-être a-t-on eu le tort de mêler la politique à ces jugements. Je l'ai toujours apprécié pour un travailleur infatigable, un caractère droit, un esprit très-net. Il m'a paru qu'il cherchait, avant tout, dans la solution d'une affaire, ce qui était juste et bien, et que rien ne le faisait dévier de la décision qu'il avait prise. Caractère très-honnête, un peu entier et autoritaire, nature très-impressionnable et très-vive, volonté très-ferme cachée sous des formes courtoises, mais dont la bienveillance n'avait rien de banal, esprit irritable peut-être, mais cœur excellent, très-dévoué pour ses amis qu'il voulait rares pour les avoir meilleurs et plus solides, tel était l'homme qui venait administrer la Loire. Il connaissait, au-delà de toute expression, le prix du temps. Aussi n'aimait-il pas les longues audiences ; et l'on a pu prendre quelquefois pour de la raideur et de l'impolitesse ce qui n'était que le sentiment de la valeur du temps et le regret donné à celui qu'on perd en paroles ou démarches inutiles. Ces qualités et ces défauts étaient relevés par un véritable talent de parole, qui en a fait un des orateurs les plus distingués du gouvernement.

J'ajoute que c'était un homme extrêmement instruit, consacrant à l'étude de l'histoire et de la tribune française, toutes ses soirées et ce que l'administration du département pouvait lui laisser de liberté.

Si je consacre ici quelques lignes à M. Thuilier et à M. Tézenas, c'est un hommage de reconnaissance : car ils se montrèrent fort dévoués à la cause Montbrisonnaise et secondèrent de tout leur pouvoir l'administration municipale.

Au commencement de cette année 1856, M. de Belleperche crut devoir donner sa démission et M. Emile Dulac voulut bien accepter les fonctions d'adjoint. Son installation est du 1er février.

Autorisation de faire empierrer la route du Vizézy depuis le pont jusques au moulin Gras. Vote d'un crédit de 10,000 francs. — Adresse du conseil municipal à l'Empereur pour le féliciter sur la naissance du prince impérial (19 mars 1856).

Autorisation de faire des réparations à la cure Saint-Pierre, au petit séminaire et à la maison d'Allard. — Autorisation d'acheter les deux maisons Escaille. — Règlement de l'exercice 1855. — Vote du budget additionnel de 1856 et du budget de 1857. — Adoption du projet de convertir le jardin d'Allard en jardin public. (M. Du Chevalard, rapporteur de la commission du budget.) — Rapport sur la situation des octrois et la diminution des recettes. — Vote de crédits pour le concours régional (9 mai).

Autorisation d'acquérir les maisons aux abords du pont de l'Hôpital. — Vote d'un crédit pour l'habillement des employés de l'octroi. — Nomination d'une commission pour traiter avec Mme Perret pour la transformation du jardin d'Allard en jardin public. — Autorisation de concéder l'abattoir et les fontaines (19 mai).

Approbation du traité avec Mme Perret. — Organisation d'une caisse de retraite pour les employés de l'octroi. — Adoption d'un nouvel alignement pour le pont de l'Hôpital. — Proposition de M. Prost pour établir les fontaines de la ville. — Vote d'un crédit de 100 francs pour les pauvres à l'occasion du baptême du prince impérial. — Autorisation de prendre des abonnements pour le balayage (13 juin).

Je rends compte au conseil d'un accident qui est arrivé à l'établissement des Frères de la doctrine chrétienne. Les enfants venaient à peine de sortir des classes du matin, lorsque le mur de soutènement de la terrasse, à la suite de pluies non interrompues, s'est écroulé sur la voie publique, sur une longueur considérable. Il faut bénir la Providence de ce qu'on n'ait pas eu des malheurs à déplorer. — Vote, par revirement, d'un crédit de 5,485 francs pour la reconstruction du mur. (Ce revirement obligé, puisqu'il n'y a pas d'autre crédit disponible au budget, interrompra, pendant une année, l'amortissement de l'emprunt.) — Rapport de la commission chargée de visiter les édifices communaux, départementaux et particuliers menaçant ruine par suite des pluies. — Approbation du traité avec Mme de Meaux à l'occasion de la démolition de la façade de sa maison (28 juin).

Vote d'un crédit de 1,100 francs pour le traitement d'un jardinier chargé de l'entretien du jardin public et des promenades. — Rapport sur les recettes d'octroi, duquel il résulte qu'il y aura un déficit de 5,000 francs sur l'exercice précédent et de 12,000 francs sur les prévisions de l'administration. — Proposition tendant à créer de nouvelles taxes et adoption du projet par le conseil municipal. — Ce vote ne recueillit pas l'unanimité des suffrages. Quelques conseillers municipaux, espérant mieux de l'avenir, votèrent pour l'ajournement. A la séance suivante, j'annonçai que je me rendais aux vœux de la minorité et que je retirais ma proposition. — Vote en faveur de l'établissement d'un évêché à Montbrison. — Établissement de bouchers forains à l'angle du pont Notre-Dame (27 octobre).

Les travaux du jardin d'Allard seront convertis en ateliers de charité : vote de crédit (17 décembre).

Acquisition des maisons Larbés et Ollagnier (26 janvier 1857).

Autorisation d'acheter les maisons Marcoux et Ducrot. — Nomination de deux commissions pour l'organisation d'une école de musique et l'étude d'un projet relatif à l'enlèvement des boues. — Proposition faite par M. de Chantelauze de publier le manuscrit de La Mure : nomination d'une commission composée de MM. Rey, Bouvier et Du Chevalard. — Commission chargée d'étudier les propositions de M. Peyrot pour l'installation d'horloges électriques à Montbrison (28 février).

Rapport de la commission pour l'enlèvement des boues, pour l'ouverture d'une école gratuite de musique, pour les horloges électriques, pour la publication du manuscrit de La Mure. Votes du conseil conformes aux conclusions des commissions. — Commande de deux tableaux à M. Cuignet Van Lliemen, artiste peintre. — Vote d'un règlement pour la halle (9 mars).

Vote des plans du pont Sainte-Anne et de ses abords (9 avril).
Règlement de l'exercice 1856. — Vote du budget additionnel de 1857
(M. Bouvier, rapporteur). — (9 mai).

Le concours régional, auquel je consacrerai un chapitre spécial,
eut lieu dans le courant du mois de mai de cette année. C'est à la
suite de ce concours que l'administration traita avec M. Loth pour
prendre la direction des écoles de musique et de la Société philharmonique de Montbrison.

Vote d'un crédit de 500 francs pour l'acquisition d'instruments de musique. — Le maire est autorisé à traiter avec MM. Escaille et Lazerges
pour la concession de la source d'eaux minérales gazeuses, connue sous
le nom de Fonfort. — Nomination d'une commission pour statuer sur le
rapport de M. Favrot concernant la construction de la halle. — Acquisition de la maison Serveaux. — Vote du budget de 1853 (27 juillet).

Le conseil remercie le ministre des travaux publics de la concession du
chemin de fer par Andrezieux. — Le conseil prend à la charge de la ville
la moitié de la reconstruction du mur en prolongement de la tête en aval
du pont Saint-Jean. — Vote d'une augmentation de traitement des employés
de l'octroi. — Commission d'un garde champêtre. — Vote d'un prix de
500 francs dans le cas où la société hippique fixerait des courses à Montbrison (17 septembre).

A la suite de ce vote, je me mis en relation avec les organisateurs
de la société. Mais les pourparlers ne purent aboutir : les courses
restèrent fixées à Feurs.

Etablissement d'une école de dessins : le traitement du professeur,
M. Guignet, est fixé à 500 francs. — Rapport de la commission sur les
excédants de dépenses de la construction de la halle : vote d'un crédit
supplémentaire de 5,500 francs (3 novembre).

Acquisition des maisons Escaille, Brun et Fréry (22 décembre 1857).

Vote d'un revirement de fonds sur l'article 93 du budget de 1858
pour la solde des travaux de la halle. — Le maire est autorisé à exercer
des poursuites contre M. Peyrot, fournisseur des horloges électriques (5
janvier 1858).

Vote d'une pension en faveur de M. Clairet, employé de la mairie. —
Indemnité accordée à l'hôpital pour la démolition occasionnée par les travaux du pont Sainte-Anne. — Réparations à l'hôtel de ville. — Acquisition
d'une cave appartenant à Mme de Meaux, située sous la terrasse des frères
(27 janvier).

Vote relatif à une prise d'eau pour les fontaines. — Le conseil autorise
le maire à faire vendre, par adjudication, les vieux peupliers de la route
de Lyon pour les remplacer par une allée de marronniers (23 février).

Vote relatif au solde de la maison Marcoux, acquise au prix de 7,500
francs. — Autorisation de faire des études pour les fontaines, en prenant
pour point de départ des eaux, le lieu dit *Goure des hommes* (29 avril).

Approbation du compte administratif de 1857. — Budget additionnel de
1858 (M. Bouvier, rapporteur). — Augmentation du nombre des classes
de dessins : le traitement du professeur est porté à 650 francs. — Vote de
la construction d'une écurie pour les étalons et les chevaux de la ville. —
La sous-préfecture de Montbrison est élevée à la 2e classe : vote d'une
adresse de remerciements (22 mai).

Vote du budget de 1859. — (M. Bouvier, rapporteur). — Acquisition du terrain Escaille pour les écuries des étalons. — Approbation du projet d'établissement des bornes-fontaines dans le quartier sud de la ville. — Sur la proposition de M. le comte de Villeneuve, le maire est autorisé à vendre aux enchères les boues et immondices provenant du balayage, sur la mise à prix de 1,800 francs. — Vote de 200 francs pour la souscription Lamartine. — M. le comte de Villeneuve fait au conseil des propositions pour l'établissement de fosses mobiles à la caserne. Le conseil, considérant que la réalisation de ce projet serait d'un grand intérêt pour l'agriculture et rendrait à la ville la disposition du béal des Espagnols, nomme une commission composée de MM. Bouvier, Bournat, Escaille et Lambert pour s'entendre avec l'auteur de la proposition et l'appuyer dans ses démarches s'il y a lieu (9 juin).

Approbation du plan des écuries des étalons. — Vote d'un crédit de 700 francs pour la fête de Saint-Aubrin (7 juillet).

Nomination d'une commission composée de MM. Lambert, Bouvier, Bournat, Escaille et Dulac, pour produire les moyens de défense sur la demande en règlement d'eau formée par les communes d'Ecotay, Moingt et Bard ; d'une seconde commission, composée de MM. Escaille, Georges, Dulac, Pitiot et Lothe, pour le nouveau traité à passer avec la compagnie de l'éclairage au gaz de la ville ; d'une autre commission, composée de MM. Bouvier, Escaille, Georges, Lothe, Lafay et Chazelles, pour étudier tout ce qui a rapport à l'établissement de l'abattoir (2 août).

A cette même séance je donnai lecture au conseil municipal d'un projet de lettre à MM. les membres du conseil général pour les prier de vouloir bien émettre un vœu en faveur de la distraction du département de la Loire du diocèse de Lyon et son érection en diocèse particulier. Le conseil municipal, se référant à sa délibération du 27 octobre 1856, approuva cette communication. Il m'autorisa, en outre, à faire offre 1° des bâtiments du petit séminaire pour être convertis en grand séminaire ; 2° d'un local pour la sous-préfecture, si la sous-préfecture actuelle était convertie en évêché.

Le conseil général déféra à ce désir et appuya son vote des motifs les plus graves.

Il va sans dire qu'avant d'entamer cette négociation j'en avais entretenu le Cardinal à son passage à Feurs, au mois de novembre 1856. J'avais obtenu son consentement le plus formel. Si je rappelle ce détail, c'est pour répondre à quelques appréciations sévères qui se produisirent alors sur la hardiesse et l'inconvenance de l'initiative que j'avais cru devoir prendre. Je n'étais, dans cette circonstance, que l'organe des intérêts Montbrisonnais qui auraient trouvé, dans l'établissement d'un évêché, une double satisfaction, et l'écho des aspirations religieuses d'une foule de personnes, en même temps que d'un nombre considérable d'ecclésiastiques les plus autorisés.

Je fus invité, par M. le préfet de la Loire, à venir passer quelques jours à Saint-Etienne, pendant cette même session où devait se discuter la question de l'évêché, et à prendre part, avec M. le comte de Persigny et un grand nombre de conseillers généraux, à une excursion dans les principaux établissements métallurgiques du bassin houiller. Cette visite fut on ne peut plus intéressante. Les merveilles dont nous fûmes. témoins à Terrenoire, Saint-Chamond, l'Horme, Lorette et Rive-de-Gier étaient de nature à donner la plus haute idée de la puissance industrielle de cet arrondissement. En face de la légitime admiration de tous les visiteurs, je me pris à craindre que les intérêts agricoles dont nous étions, pour une part, les représentants autorisés, ne fussent oubliés ou négligés en haut lieu, effacés qu'ils seraient par la splendeur des produits métallurgiques.

Redoutant ces impressions et leurs conséquences, je crus remplir un devoir de patriotisme en priant M. de Persigny de venir l'année suivante présider une exposition agricole à Montbrison. Il accepta. Ce furent le motif et le point de départ de la visite qu'il nous fit en 1860.

A la suite de circonstances tout-à-fait étrangères à l'administration municipale, M. Emile Dulac crut devoir donner sa démission. Je lui dis à cette époque combien j'avais apprécié sa collaboration et ses utiles conseils, et en même temps combien je regrettais sa détermination. Il fut remplacé par M. Chazelles, que j'installai le 17 septembre.

Approbation des plans, tarifs et règlement de l'abattoir. — Eclairage de l'hôtel de ville au gaz. — Vote d'un crédit de 2,442 francs pour réparations à la cure de Notre-Dame (20 novembre).

Communication au conseil par M. Chavassieu de travaux fort intéressants sur un système de fosses qui, tout en améliorant les conditions d'hygiène, permettra de consacrer à l'agriculture une portion notable des vidanges complètement perdues aujourd'hui : nomination d'une commission composée de MM. Escaille, Bournat, Dulac, Rey, Georges, Chavassieu et de Villeneuve pour examiner le projet. (Le système fut appliqué, quelque temps après aux lieux d'aisances du petit séminaire.) — Vote d'un crédit annuel de 2,000 francs, pendant 10 ou 15 ans, en faveur du chemin de Vizézy. — Modification apportée au vote du 20 novembre sur l'abattoir (29 janvier 1859).

Le conseil dit qu'il sera acheté un lot pour la loterie de la salle d'asile (5 mars).

Traité avec MM. Robert et Janvier pour la prise d'eau des fontaines (28 avril).

Approbation du règlement de l'exercice 1858, du budget additionnel de 1859, du budget de 1860 : M. Escaille, rapporteur. — Demande de la fabrique de Saint-Pierre d'un crédit de 5,103 francs pour réparations à faire à l'église, conformément aux dispositions du décret de 1809 ; rapport de la commission du budget ; décision du conseil invitant la fabrique à lui soumettre un projet qui réponde d'une manière plus complète aux convenances du culte, aux sentiments religieux de la paroisse et à la dignité de la ville : M. Du Chevalard, rapporteur. — Approbation des plans de la salle d'asile (25 mai).

Vote de 500 francs pour les blessés de l'armée d'Italie (21 juin).

Vote d'un crédit de 300 francs pour la Saint-Aubrin. — Concession d'eau à M. Morel, de la Madeleine, sur le trop plein de la fontaine du faubourg. — Approbation de l'éclairage au gaz de la façade de l'hôtel de ville (29 juin).

Vente du délaissé de la maison Marcoux. — Autorisation de faire un abreuvoir au faubourg de la Madeleine (10 août).

Addition aux constructions de la salle d'asile ; vote de crédits supplémentaires. — Autorisation de faire faire par les ingénieurs les plans de la nouvelle prise d'eau (23 septembre).

Sur la demande de l'autorité militaire, le conseil déclare que la ville se chargera des indemnités de logement pour 300 hommes et 300 chevaux (12 novembre).

Ce fut à cette époque que la ville fit une perte considérable. La mort de M. Bouvier fut un deuil public. A la séance du 13 décembre 1859, je ne fus que juste envers cet homme de bien et de cœur, en rendant compte au conseil de tout ce qu'il avait fait pour la ville de Montbrison pendant ses deux administrations, et en proposant de donner son nom à la place qui longe la route du Vizézy et à la rue qui doit aller de cette route au quai des eaux minérales. Je reproduirais avec plaisir mon rapport au conseil s'il n'avait déjà été imprimé à ce moment-là en vertu d'une décision de cette assemblée.

Vote préparatoire sur les horloges publiques et nomination d'une commission. — Rapport de M. Escaille, au nom de la commission chargée d'étudier les questions relatives au règlement d'eau du béal des Espagnols, décision conforme du conseil. — Autorisation pour la création à Montbrison d'une société de secours mutuels (13 décembre).

Autorisation de réaliser le projet d'abattoir. — Acquisition des maisons Escaille et Gonon, quai Saint-Louis. — Autorisation donnée aux frères d'établir une école payante (27 janvier 1860).

Le conseil et les plus fort imposés votent l'emprunt pour l'abattoir (2 février).

Compte de gestion de l'exercice 1659 ; budget additionnel de 1860 ; budget de 1861 (rapporteur M. Duchevalard). — Vote d'une subvention de 2,500 francs à l'établissement de la Providence. — Vote d'un crédit pour le remboursement des frais occasionnés par la question du chemin de fer (10 mai).

Ce fut au mois de juillet de cette année 1860 qu'eurent lieu les élections pour le renouvellement des conseils municipaux. La liste municipale passa tout entière, sauf MM. Couchoud et Morel qui échouèrent au second tour de scrutin et furent remplacés par MM. Baudouint et Benoît. Les conseillers nouveaux furent MM. Bouvier Auguste, Colmet, Goure, Manson, Rony, Surieux, Sijalon, Benoît et Baudouint.

MM. Griffon, Dulac, Lothe, Pitiot, Chazelles, Escaille, de Saint-Pulgent, Lambert, Rey, Georges, Lafay, Bournat, Hatier et Dubois faisaient partie de l'ancien conseil. MM. Bouvier, Gourou et Blanc étaient morts.

M. Goure, neveu, avait quitté Montbrison.

M. Duchevalard était maire de Mornant.

La prestation de serment eut lieu le 9 août. A cette même séance un crédit de 1,200 francs fut voté pour l'installation du concours agricole que M. de Persigny devait venir présider, et pour les frais accessoires de cette solennité.

Le 28 août il fut procédé à mon installation et à celle de mes adjoints.

Je transcris ici le discours que je prononçai à cette occasion.
Il est l'expression fidèle de l'esprit qui animait mon administration
et des sentiments qui réglaient les rapports du maire et du conseil
municipal :

« Au commencement de notre nouvelle carrière administrative,
« notre première parole doit être un témoignage de reconnaissance
« pour les électeurs qui nous ont honorés de leur confiance, et
« notre première pensée, un sentiment de dévouement profond à
« la chose publique. Lorsque notre devoir nous appellera dans cette
« enceinte, nous n'aurons d'autres préoccupations que celles du
« bonheur et des intérêts de notre ville. Nous appellerons de tous
« nos vœux et de tous nos efforts tout ce qui pourra contribuer à
« son bien être : car ses joies seront nos joies. Et comme ses dou-
« leurs et ses souffrances seront aussi nos douleurs, si des événe-
« ments malheureux viennent changer nos espérances en déceptions,
« notre courage et notre patriotisme ne seront pas moindres pour
« travailler ensemble à l'œuvre de la réparation.

« L'administration municipale est heureuse de voir réunis autour
« d'elle tous les membres de l'ancien conseil municipal, et parmi
« les nouveaux élus, des hommes qui jouissent d'une considération
« justement méritée. A vous, nos anciens collègues, nous vous de-
« mandons de nous continuer cette bienveillance qui nous encou-
« rageait, et cette confiance qui faisait notre force. A vous, Mes-
« sieurs, nouveaux venus parmi nous, nous vous dirons ce que nous
« avons été pendant les cinq ans qui viennent de s'écouler ; et vous
« voudrez, je n'en doute pas, continuer notre œuvre comme nous
« l'avons commencée.

« Nous nous sommes toujours considérés comme les membres
« d'un grand conseil de famille. Placés à ce point de vue, nous gérions
« les affaires de Montbrison avec l'instinct du cœur, tout autant
« qu'avec les lumières du bon sens et de la raison. Cet amour com-
« mun pour notre chère ville nous faisait constamment nous rencon-
« trer dans les mêmes vues, dans les mêmes désirs, dans les mêmes
« résolutions. Rigoureusement renfermés dans le cercle, assez im-
« mense déjà, de l'intérêt Montbrisonnais, nous n'avons jamais
« abordé de loin ou de près les questions politiques qui passion-
« nent et divisent.

« Exclusivement préoccupés enfin de la chose publique, nous n'a-
« vons point donné entrée, dans cette enceinte, aux intérêts indivi-
« duels qui eussent amoindri la dignité de nos délibérations et ra-
« petissé la justice que nous devons à tous. Nous avons formelle-
« ment exclu toutes les questions de personnes, éternel écueil des
« assemblées délibérantes. Enfin, Messieurs, il y a toujours eu entre
« l'administration qui propose et le conseil qui décide, cette mutuelle
« condescendance d'hommes ayant le cœur bien placé, qui veulent
« être éclairés et qui respectent chez les autres les lumières de l'ex-
« périence, la liberté et l'indépendance des convictions.

« Voilà ce que nous serons encore, Messieurs, si vous le voulez.
« L'opinion publique est avec nous ; sachons la conserver dans

« notre intérêt : elle est notre plus fort levier pour faire le bien. En
« faisant le bien nous nous faisons aimer. Et une administration
« qui sait se faire aimer, peut opérer des prodiges. Dans tous les
« cas elle se fait bénir de tous, et les bénédictions du peuple por-
» tent bonheur. »

Ce fut après la session du conseil général de cette année, et le
30 août au soir, que M. de Persigny vint à Montbrison. La réception
que lui firent les habitants fut toute spontanée; et il n'y eût pas de
fête publique à cette occasion. Son Excellence fut reçue par le conseil municipal au jardin de la ville et conduite de là à la sous-
préfecture. Le lendemain Elle assista aux différentes opérations du
concours et présida la distribution des prix et récompenses sous la
halle.

Après cette cérémonie, qui fut très-brillante, un banquet, par
souscription, Lui fut offert dans la salle des élections.

MM. les propriétaires et agriculteurs de l'arrondissement apportè-
rent le plus grand empressement et la meilleure bonne volonté pour
mettre cette exposition à la hauteur des intérêts considérables que
représente l'agriculture dans l'arrondissement de Montbrison.

Je ne serai démenti par personne, car mes souvenirs ne sont que
l'expression de la plus exacte vérité, en disant que l'accueil le plus
sympathique fut fait à M. de Persigny en cette circonstance. Je
pourrais donner ici des détails qui prouveraient à quel point on était
disposé à le bien recevoir et combien il fut applaudi, lorsque, avec
cette franchise et cette loyauté qui seront l'éternel honneur de son
caractère, il s'étonnait de voir accueillir « avec de tels hommages le
« représentant d'un gouvernement qui avait dépouillé Montbrison
« d'un grand avantage et qui ne lui avait donné encore aucun dé-
« dommagement »

Les conversations qu'eut alors le futur Ministre de l'intérieur avec
les principaux propriétaires et agriculteurs du pays n'ont point été
sans influence sur les décisions du gouvernement et du conseil général, relativement au canal d'irrigation.

En un mot, ce qui caractérisa cette visite, ce fut la simplicité de
cette réception, la cordialité de l'hospitalité offerte et la spontanéité
des manifestations. En dehors des préparatifs considérables et assez
coûteux faits pour loger le nombreux bétail amené à l'exposition, il
ne fut fait par la ville presqu'aucune dépense. Les habitants voulurent bien prendre à leur charge les arcs de verdure dressés dans
chaquo quartier (1).

(1) J'ai trouvé d'ailleurs, dans plusieurs des incidents qui ont suivi mon départ,
la preuve que M. de Persigny avait conquis les sympathies de Montbrison. Sans
parler de la réception qui lui fut faite en 1862, j'ai remarqué surtout une délibération du conseil municipal du 13 septembre 1863, à l'occasion de sa promotion
au titre de duc, et ainsi conçue : « Le conseil, heureux d'apprendre la nouvelle et
« honorable distinction accordée à M. de Persigny, s'empresse de lui en témoi-
« gner ses plus sincères félicitations, et le prie d'agréer de nouveau l'expression
« de ses sentiments d'affection et de dévouement. » Cette délibération a cela de
particulier qu'elle s'applique à un fait personnel et complètement en dehors des
intérêts montbrisonnais. Elle est signée de MM. Bouvier, Goure, Ghazelle, Georges,
Benoît, Escaille, Griffon, Sigallon, Hatier, Rey-Majoux, Surieux, Laffay et Dulac.

Je dois à une bienveillante amitié communication d'une pétition signée de tous les membres du conseil municipal et qui fut déposée entre les mains de M. de Persigny. Elle appelait toute sa sollicitude sur les améliorations que Montbrison avait encore le droit d'espérer, notamment sur la prompte exécution du chemin de fer. Elle énumérait tous les efforts tentés par la ville pour se relever d'une chûte qui lui avait été imposée Enfin, elle donnait à son maire un témoignage aussi discret que flatteur de l'amitié de ses collègues. Je trouve ici, pour la première fois, l'occasion de les en remercier, et je le fais avec toute la reconnaissance que j'ai vouée à ceux auxquels je dois ma première distinction honorifique.

Ce fut à ce voyage que M. de Persigny me parla plus particulièment de l'intention où il serait d'acheter la Diana pour son propre compte. Il me pria d'entrer en pourparlers avec le propriétaire. Je lui écrivis plus tard que rien ne pouvait se faire pendant la vie de Mme Chapuy.

Ayant appris sa mort à la fin de l'année 1861, il m'écrivit à Bourg le 18 novembre pour me prier de prendre des renseignements sur ce qui pourrait être fait, m'invitant à charger au besoin quelqu'un d'acheter pour lui. Mais il me recommandait le plus grand secret.

Lorsque j'allai à Montbrison j'appris que M. le maire s'était mis en rapport avec lui et que cette acquisition devenait une affaire municipale.

Approbation de traiter avec MM. Bailly-Comte et Peyrot pour les horloges de la ville. — Deuxième vote des plus forts imposés et du Conseil par suite des modifications apportées au projet d'abattoir (29 septembre).

Vote d'un crédit de 1,720 francs pour solde des horloges (21 Décembre).

Approbation du compte administratif pour l'exercice 1860 ; budget additionnel de 1861. (10 mai 1861).

Budget de l'exercice 18*2 — Rejet d'une demande de M. Cuignet sollicitant une augmentation de traitement. — Vote d'une médaille d'or à M. Dulac. — Dépôt d'un avant-projet pour la reconstruction de l'église Saint-Pierre ; nomination d'une Commission composée de MM. Escaille, Bournat, Georges, Dulac, Rony et Goure. (29 juin).

Rapport de M. Bournat, au nom de la commission de l'église Saint-Pierre ; adoption par le Conseil des conclusions de la commission et vote d'une subvention de 30,000 francs. — Demande d'une subvention par le Conseil de fabrique de Notre Dame. — Nomination d'une commission composée de MM. Dulac, Escaille, Georges, Colmet, Bournat et Bouvier. — Vote d'un crédit pour la distribution de prix aux écoles de filles et pour la fête du 15 Août. (9 Août).

Six semaines après, je fus avisé de ma nomination à la préfecture de l'Ain. Je n'aurai point l'indiscrétion et le mauvais goût de raconter ici comment je fus amené à accepter une situation à laquelle je n'avais jamais pensé, que je n'avais point sollicitée, et, pourquoi ne le dirais-je pas ? que je n'aurais pas eu la hardiesse de demander. Je cédai à une haute et honorable intervention qui avait eu la délicatesse, pour me décider et rendre la séparation moins pénible, de me confier un département très-rapproché de celui de la Loire.

Dès que le décret fut connu, le conseil municipal, en corps, vint m'adresser ses félicitations et ses adieux. C'est par un sentiment de pudeur, que tout le monde comprendra, que je ne reproduis pas les termes dans lesquels les unes et les autres étaient conçus. Tout ce que je puis dire, c'est que l'émotion fut vive dans cette dernière entrevue. On sentait que ces cœurs, qui avaient battu du même sentiment de dévouement pour les intérêts de la ville pendant les six années qui venaient de s'écouler, battaient en ce moment des mêmes sentiments d'affection et de regrets. Deux conseillers municipaux, qui étaient absents ce jour-là, s'associèrent à la démarche de leurs collègues par des lettres que je conserve comme des souvenirs d'estime et d'amitié : c'étaient MM. Lambert et Goure.

La compagnie des sapeurs-pompiers, qui méritait à tant de titres la sollicitude de l'administration et pour laquelle j'avais eu le bon-heur d'obtenir quelques médailles, voulut bien m'apporter aussi le témoignage de son sympathique attachement.

Enfin le conseil municipal mit le comble à toutes ces marques d'intérêt que je reçus de mes concitoyens, en me votant, à la séance du 27 novembre 1861, une médaille d'or par la délibération suivante :

« Le conseil, adoptant à l'unanimité la proposition qui lui est
« faite par M. le maire, reconnaît que M. Léon de Saint-Pulgent
« a été un administrateur actif, dévoué et intelligent; qu'il a bien
« mérité de son pays qui l'en remercie, et comme témoignage
« d'affection et de reconnaissance, lui vote une médaille d'or dont
« l'exécution aura lieu par les soins et sous la direction de M. le
« maire. »

Je répondis à la communication qui me fut faite de cette décision par une lettre de remerciements, que le conseil a bien voulu faire insérer dans le registre de ses délibérations.

Ce fut le dernier incident de mes relations officielles avec la ville de Montbrison.

Cette distinction exceptionnelle couronna mon administration municipale beaucoup plus brillamment que je ne le méritais. Dans tous les cas elle témoignait d'appréciations trop unanimes pour ne pas être sincères et exactes dans une certaine limite. Comment ont-elles pu se modifier, au point que je sois obligé de donner les explications qui forment l'objet de cet ouvrage, alors que mes occupations m'ont toujours tenu à distance des affaires de la ville ?....

C'est le secret des passions humaines : c'est l'œuvre de la politique ; c'est le résultat presque inévitable des révolutions. Mais l'injustice n'a qu'un temps ; l'erreur ne dure pas. Et la vérité finit toujours par surnager au-dessus des flots troublés que soulèvent les tempêtes sociales.

II

PROJETS ET AMÉLIORATIONS RÉALISÉES

1. — Chemin de fer.
2. — Halle aux blés.
3. — Elargissement de la grande rue et de la rue Notre-Dame.
4. — Pont Saint-Anne et ses abords.
5. — Jardin de la ville.
6. — Concours Régional.
7. — Service des boues.
8. — Ecoles de musique et de dessin.
9. — Route du Vizezy.
10. — Horloges publiques.
11. — Ecurie des étalons.
12. — Salle d'asile.
13. — Fontaines.
14. — Abattoir.
15. — Eglise Saint-Pierre.

Embranchement sur Saint-Etienne par Andrésieux

La première question dont j'eus à m'occuper fut celle du chemin de fer. Le décret, qui nous octroyait un embranchement sur Montrond, ne donnait pas satisfaction à la population Montbrisonnaise qui croyait avoir intérêt à se rapprocher le plus possible de Saint-Etienne pour mettre son marché agricole tout-à-fait à la disposition de ce grand centre. On pensait aussi attirer à soi, par cette proximité, un certain nombre de métiers à rubans, ou tel autre établissement qui pourrait profiter du cours d'eau du Vizézy.

Je reçus donc mandat d'obtenir, de la compagnie Paris-Lyon, une modification à son tracé. Je ne tardai pas à m'assurer qu'il n'y avait rien à espérer de ce côté. La compagnie avait subi un embranchement qu'elle ne croyait pas devoir être une bonne affaire ; elle voulait la rendre la moins mauvaise possible en prenant la direction la plus économique.

Je pensai à organiser une compagnie locale. Je m'adressai à MM. de Raimneville, Faure-Bellon, Palluat, Etienne Gauthier, De Villeneuve. Ils acceptèrent cette mission toute de patriotisme. M. Camme, ingénieur en chef du département, mit à notre disposition les études qu'il avait faites pour le compte de la ville de Montbrison l'année précédente, alors qu'on négociait pour avoir la grande ligne sur la rive gauche. Puis il voulut bien nous prêter le concours de son expérience ; et dans une réunion à Saint-Etienne, nous nous organisâmes en compagnie locale. La ville de Montbrison doit conserver quelque reconnaissance à ces MM. qui acceptèrent ainsi, sur ma demande, de prendre une initiative qui ne visait autre chose que notre intérêt.

« En nous mettant en avant, m'écrivait, à la date du 17 décembre, « M. H. Palluat, nous n'avons eu en vue que l'intérêt de Montbrison, « et nous voulions vous prouver que les Stéphanois étaient plutôt vos « amis que vos ennemis. La perspective d'un bénéfice ne nous a pas « fait battre le cœur, etc., etc. »

L'affaire n'était pas, je l'avoue, séduisante, de prim'abord. Elle était suffisamment rénumératrice, rien au-delà. Le 9 décembre, nous déposâmes une demande en concession. Quelques jours plus tard, MM. de La Hante et Emile Dulac voulurent bien s'adjoindre aux premiers demandeurs en concession.

Je pensais que cette démarche allait décider la grande compagnie. Il n'en fut rien. Elle prit seulement quelques précautions dans son intérêt. Ainsi par un traité en date du 26 octobre 1855, elle avait acheté le pont de Montrond, moyennant un prix à payer en obligations. Elle me demanda, par lettre du 21 décembre, d'intervenir auprès des actionnaires du pont, pour les engager à reconnaître que le traité serait nul, si le gouvernement concédait un embranchement de Montbrison à Andrézieux : ce qui fut fait.

Au reste, nous étions fort peu encouragés par la compagnie qui ne demandait qu'à se soustraire à ses obligations, ou tout au moins à ne pas en augmenter l'importance, tout en ayant cependant un pied dans l'affaire. Voici une réponse à une demande de concours que je lui adressais. Elle prouve à quelles difficultés et à quelle force de résistance ou d'inertie nous allions nous heurter.

Chemin de fer de Paris à Lyon par le Bourbonnais, 57, *Rue Taibout.*

Paris, le 23 janvier 1856.

Monsieur le Maire,

J'ai reçu votre lettre en date du 14 janvier, par laquelle vous me demandez de vous faire connaître le résultat des délibérations du Conseil de notre compagnie relativement à l'embranchement d'Andrézieux à Montbrison.

Notre Conseil n'a pas eu à prendre sur cette affaire de détermination positive ; mais notre Comité pense, que si on lui proposait de racheter la portion du chemin de Saint-Etienne à la Loire, située entre la Fouillouse et Andrézieux, aux conditions où notre compagnie la possède aujourd'hui, et d'entrer dans les dépenses du nouvel embranchement pour une somme équivalente aux déboursés que nous aurait occasionnés l'embranchement de Montrond à Montbrison, une semblable proposition pourrait être accueillie favorablement et donner lieu à une négociation que nous ne sommes pas en mesure de commencer immédiatement.

Agréez, Monsieur le Maire, l'assurance de ma haute considération,

Le président du conseil d'administration,

A. DASSIER.

La compagnie croyait évidemment l'affaire de l'embranchement mauvaise. Elle ne voulait pas la faire. D'autre part, elle n'entendait pas qu'une petite compagnie vint s'implanter au milieu de son réseau. Alors, pour y jouer un rôle prépondérant, dans le cas où, contre son attente, une concession lui serait donnée, elle voulait y avoir la part du lion. Elle espérait enfin que nous nous découragerions et que notre retraite la laisserait plus que jamais maîtresse du terrain. Mais, notre honneur et notre patriotisme étaient engagés tout autant que notre responsabilité ; et nous restions là, comme une protestation contre son mauvais vouloir, en même temps que comme une amorce pour toute compagnie qui de l'Ouest et de Clermont viendrait nous tendre les mains. J'étais même en pourparler avec M. Du Mirail qui était à la tête d'une combinaison de ligne transversale.

Les choses en étaient là, lorsque M. Bazaine entra au service de la compagnie comme ingénieur en chef de la construction sur le réseau du Bourbonnais. Mes premiers entretiens avec lui laissèrent dans son esprit des impressions favorables. Il paraissait très-disposé à croire que la direction sur Andrézieux était la meilleure, et que la compagnie devrait s'en charger. Mais les grandes modifications qui s'opéraient, par la fusion avec le grand central, ajournèrent nos négociations. Elles ne purent être reprises que dans les premiers mois de 1857. M. Bazaine vint alors sur les lieux. Nous allâmes ensemble à Saint-Etienne par Sury et Andrézieux. Ce voyage décida de l'affaire. L'honorable ingénieur en chef était convaincu d'hors et déjà que là étaient la vérité, la justice et l'intérêt de tous. Il se fit le champion de notre cause, et la solution ne si fit plus longtemps attendre.

Elle eut lieu en juillet 1857. L'embranchement de Montbrison à Andrézieux fut substitué, par un décret, à celui de Montrond. Et notre société, gardienne vigilante des intérêts montbrisonnais, n'ayant plus de raison d'être, se déclara dissoute. Le 27 juillet 1859 je demandai bien à la grande compagnie le remboursement des frais faits par nous, ou par la ville, sous l'administration de M. Durand. Mais on nous considéra tous comme suffisamment indemnisés par le succès. Et notre réclamation fut rejetée.

Nous fûmes vite consolés : car Montbrison venait de remporter une victoire sérieuse. Les regrets que laissait l'abandon de la direction sur Roanne, sacrifiée toute entière à la direction sur Saint-Etienne, devaient être effacées dix ans plus tard par la concession du chemin de fer de Montbrison à Lyon.

Halle aux Blés.

L'importance de la ville de Montbrison a toujours été et sera toujours une importance agricole. Sa situation au centre d'une plaine dont l'agriculture va sans cesse en progressant, aux pieds de montagnes dont toutes les productions sont agricoles, à la porte d'un débouché aussi important qu'un centre de population de 100,000 âmes, donne à ses marchés une animation et une vie qui les assimilent à des foires. Enfin les usines importantes établies en amont et en aval de Montbrison en font un centre important pour le commerce des grains.

Aussi toute administration municipale, qui aura souci de l'avenir des intérêts montbrisonnais, devra sans cesse se préoccuper de l'accroissement des marchés.

J'avais été frappé depuis longtemps des immenses inconvénients qu'offrait le marché aux grains établi sur la voie publique, exposé aux ardeurs du soleil d'été et aux rigueurs de l'hiver. Dès mon entrée en fonctions, je pensai à la construction d'une halle qui fut assez vaste sans être trop dispendieuse. La simple connaissance de ce projet donna à l'adjudication de la place aux Halles une animation extraordinaire. Le prix de ferme fut doublé : et l'adjudicataire, M. Taillandier, promit en outre de payer pendant ces trois années de bail, l'intérêt à 6 0/0 du montant des travaux de construction si on se décidait à en bâtir une. Il faisait preuve en cela d'intelligence et d'habileté.

Ce fut dans ces conditions que je proposai au conseil trois avant-projets dressés par M. Favrot, dans la séance du 6 octobre 1855.

Le conseil prit la décision suivante :

« Considérant que l'emplacement actuel pour le marché des céréales « est insuffisant, incomode et nuit à la circulation, remercie M. le maire « de s'être préoccupé d'une question aussi importante et l'autorise à « faire étudier d'une manière complète un plan de halle aux blés couverte à établir sur l'emplacement derrière l'hôtel de ville, et insiste « pour que le projet puisse être au plus tôt mis à exécution. »

Le 29 décembre, les plans furent approuvés et un crédit de 10,000, montant des projets, fut voté. L'adjudicataire fut M. Taillandier. La charpente en fer fut confiée par lui à M. Demeure de Saint-Etienne.

Le 9 mars 1857, le conseil adoptait un réglement très-libéral, et le 27 juillet, une commission composée de MM. Bouvier, Bournat, Georges et Escaille fut chargée de vérifier le compte des travaux qui s'élevait à une somme bien supérieure à celle indiquée par le devis, 18,500 francs, si je ne me trompe.

Quoiqu'il en soit de cette erreur dans les calculs de l'architecte, l'opération a été excellente pour la ville, puisque de 1,300, le prix de location est progressivement monté jusqu'à 5,000 fr. en chiffres ronds, soit une augmentation de 3,700 fr. C'est un capital placé à 20 0/0. L'amélioration au point de vue des intérêts agricoles, est incontestable. Sous le rapport financier, l'opération est excellente.

Mon intention était de compléter cette amélioration, par la construction d'un marché couvert pour les menues denrées et la volaille. Si j'étais resté à la mairie, j'aurais présenté au conseil un projet. On ne saurait croire combien les cultivateurs aiment à tenir ces marchandises délicates à l'abri. La vente s'en opère dans des conditions bien meilleures ; et j'appelle de tous mes vœux le moment où la ville pourra réaliser ce progrès considérable pour elle et pour nos habitants des campagnes. Ce sera également une bonne opération au point de vue financier.

Elargissement de l'entrée de la Grande-Rue et de la rue Notre-Dame. — Quai Saint-Louis.

Ces deux premiers projets avaient été préparés par mon prédécesseur et étaient compris dans l'emprunt de 134,000 en voie de recouvrement, lors de mon entrée en fonctions. Mais je me préoccupais si vivement de l'influence désastreuse que le déplacement de la préfecture devait exercer sur nos ressources, que dès le 28 septembre 1855, j'exposai mes scrupules au conseil municipal. Je lui demandai son avis sur l'opportunité de réaliser une amélioration, qui était urgente d'ailleurs, et que la population toute entière réclamait avec instance, mais qu'il était peut-être prudent d'ajourner. Le conseil fut d'avis de remplir immédiatement les formalités d'expropriation. Comme il arrive presque toujours en pareille circonstance, les indemnités à payer et les frais dépassèrent de beaucoup les prévisions. Le budget fait par l'administration précédente avait un crédit de 20,500 pour l'élargissement, non seulement de ces deux rues, mais encore des abords du pont Saint-Anne. Comme je l'ai dit plus haut, c'était le chiffre auquel s'élevaient les prévisions du projet d'emprunt. Or, ce chiffre fut dépassé pour l'acquisition des maisons situées sur la place Saint-Pierre, et à l'entrée de la place Notre-Dame. Il n'y avait donc plus aucun crédit pour améliorer les abords du pont de l'Hôpital.

Le conseil décida, à cette même séance, et sur ma proposition, qu'il s'occuperait de ce projet alors seulement que je lui soumettrais les plans pour la reconstruction du pont.

C'est ici le lieu de mentionner les améliorations apportées pendant mon administration à l'assainissement du quai Saint-Louis par la démolition des maisons Larbès, Aullanier, Escaille et Fréry, etc. C'était une conséquence de l'élargissement de l'entrée du Cloître.

Reconstruction du pont Saint-Anne ou de l'Hôpital, et amélioration des abords.

Ce ne fut qu'à la séance du 19 mai 1856 que je saisis le conseil municipal des propositions de M. l'architecte de la ville pour la reconstruction de ce pont et les acquisitions de maisons qui en seraient la conséquence.

Le projet de M. Dulac avait le double avantage de relier les rues de Moingt et de l'Hôpital par une ligne courbe, au lieu d'une ligne boisée, et d'apporter au projet, joint à l'emprunt, une économie de 1,500 par la réduction de l'ouverture et de la voie aux proportions de celles du pont Notre-Dame. Mais les difficultés financières commençaient à l'acquisition des maisons. Je viens d'exposer en effet que l'élargissement de la Grande Rue et de l'entrée du Cloître avait absorbé, et au-delà, les fonds destinés aux abords du pont Saint-Anne. Et cependant le projet ne pouvait être réalisé si on ne disposait pas des maisons Lombardin, Chatelain, Marcoux, Ducrot et de la façade de l'Hôtel-Dieu. C'était, pour ces acquisitions, une dépense de 15,000 qui jointe à celle de 8,500 exigée pour la construction du pont, élevait à

23,500 le montant de cette importante amélioration. Or on ne disposait du chef de l'emprunt, que d'une somme de 10,000 fr. Le conseil crut devoir passer outre, espérant, comme on le verra plus tard, trouver quelque combinaison qui rendrait inutile tout ou partie du crédit affecté aux fontaines. L'importance de ce quartier commerçant et si vivant les jours de marché, la circulation considérable de voitures sur ce point de la ville, lui parurent légitimer cette dépense considérable.

Et par ses délibérations des 13 juin 1856, 9 février, 9 mars et 9 avril 1857, il approuva le projet définitif et toutes les acquisitions nécessaires à sa complète exécution.

Jardin de la ville

(Ancien jardin d'Allard).

Par son testament, M. d'Allard avait légué à la ville de Montbrison un riche cabinet d'histoire naturelle, et les précieuses collections qui en sont l'accessoire. Madame veuve Perret en avait l'usufruit, ainsi que la jouissance d'un logement dans l'hôtel

Par un traité passé avec M. de Neufbourg, légataire universel, M. Durand acheta l'hôtel, les dépendances et le jardin, moyennant une rente viagère de 6,000 à payer à Madame Perret.

Au moment où j'entrai en fonctions, une partie du jardin avait été consacrée à l'ouverture du chemin d'intérêt commun, n. 1, dit *route du Vizézy*.

Dans la séance du 9 mai 1856, je proposai au conseil de convertir en jardin public, la partie comprise entre le nouveau chemin et le clos de la Charité. « Cette transformation, disais-je à mes collègues,
« est un accessoire obligé d'un cabinet d'histoire naturelle. Elle sera
« une œuvre populaire, destinée à donner aux commerçants, ou-
« vriers et autres habitants qui ne quittent point la ville, des jouis-
« sances qui sont le monopole des très-riches propriétaires. Ce sera
« un lieu de réunion pour toute notre population et un attrait pour
« les étrangers. » Le bois, une belle collection d'orangers, les eaux jaillissantes et les accidentés de terrain se prêtaient admirablement à l'installation d'un jardin public.

« Nous compléterons, ajoutais-je dans cette même séance, ce qu'il
« y a de Montbrisonnais dans ce projet, fort populaire alors, en éta-
« blissant des bains froids et chauds. Nous les règlementerons de
« façon à assurer pour tous les rangs, tous les âges et tous les sexes,
« un service que les médecins considèrent comme devant être une
« des meilleures conditions de notre hygiène locale. »

Ce projet, essentiellement démocratique, fût admirablement accueilli par le conseil municipal qui vota immédiatement un premier crédit de 5,000 fr. à prendre sur les secours qui nous étaient donnés.

Je vis M. Bühler qui exécutait en ce moment le parc de la Tête d'Or, à Lyon, et je le priai de venir visiter les lieux, et nous dessiner notre nouveau jardin. Son plan fut approuvé sans modification ; et un de ses conducteurs, M. Leblond, fut chargé de diriger l'exécution des travaux.

Tout le monde se rappelle avec quel intérêt la population suivait les progrès de ce square qui devait être un des ornements de la ville.

Cet intérêt était d'autant plus vif que le nombreux atelier occupé aux déblais, aux défonçages, était un véritable atelier de charité. Aux souffrances qu'avait occasionnés le transfert de la préfecture, venaient se joindre celles d'un hiver assez difficile par la cherté des subsistances. Aussi le conseil voulut-il conserver à ce chantier son caractère de bienfaisance. Il ne recula pas devant l'augmentation de dépense qui en résulterait, et qui serait à peu près de 1,200 suivant les prévisions de l'architecte. Il vota le nouveau crédit, et ajouta une somme de 2,000 à prendre sur les économies de la dotation de la caisse d'épargne qui était alors considérable. Quel meilleur emploi pouvait-on faire de ces fonds, en présence des misères de la classe ouvrière?... Aussi l'hiver se passa sans que l'on eut à éprouver de trop grandes souffrances. Et l'année suivante, au mois de mai, la veille du concours régional, eurent lieu la bénédiction solennelle et l'inauguration du jardin.

Cette magnifique création n'a couté en réalité à la villle que les 3,200 votés dans la séance du 9 mai. Le reste de la dépense a été couvert pas les secours considérables que nous allouèrent le gouvernement et le préfet de la Loire.

Il est bon d'ajouter que cette dépense, qui n'avait de somptueux que les apparences, ne fut pas improductive pour les finances de la ville. La buvette, établie au pavillon de Saint-Antoine, fut affermée 700 francs.

Le jardin a été complété en 1859 par la construction d'une petite serre déclarée indispensable pour la conservation de certaines plantes et la reproduction des fleurs, et par l'adjonction du jardin, dit de la Madelaine, se composant de l'excédant du terrain acheté pour l'écurie des étalons.

Plus rien ne manquait à ce charmant square, et je pensais à l'installation des bains lorsque je fus nommé à la préfecture de l'Ain.

Cette transformation ne s'était point opérée sans quelques difficultés de détail. Madame Perret, dont la jouissance, dans une certaine limite, s'étendait sur tout le jardin, s'opposait à un changement de destination. Il fallut, pour obtenir son consentement, traiter avec elle ; ce fut l'objet de la transaction préparée par une commission municipale composée de MM. Laffay, Dulac, Bouvier, Georges et Griffon, et approuvée le 13 juin 1856 par le conseil.

Le 27 octobre le traitement du jardinier fut fixé à 1,100, à la condition qu'il serait également chargé de l'entretien des promenades publiques. Le choix se porta sur Baptiste Rochigneux qui, pendant mon administration, l'a parfaitement justifié.

Je ne puis terminer cet article consacré au jardin de la ville, sans parler de celui qui fut dès le début et est resté son conservateur à titre tout à fait gracieux, l'honorable M. Emile Dulac. Il a mis à cette œuvre d'entretien et d'amélioration, que rendait difficile l'exiguité du crédit, une infatigable assiduité et une véritable intelligence dont la ville tout entière lui a su gré. Le conseil voulut, sur ma proposition, lui en témoigner sa reconnaissance, en lui votant une médaille d'or, dans sa séance du 29 juin 1861

C'était une modeste récompense pour son dévouement à la chose publique : elle avait le mérite de la spontanéité et d'un élan de cœur de ses collègues. Le gouvernement de l'Empereur le reconnut plus tard et d'une manière plus brillante ainsi que ses connaissances spéciales en l'élevant aux fonctions de juge au tribunal de Montbrison.

Le conseil associa à ses remerciments MM. Delmas et Périer, conservateurs adjoints.

Concours régional.

Je viens de parler du concours régional. Ce fut un des épisodes les plus intéressants de mon administration. Il occasionna pour la ville une dépense considérable et d'autant plus lourde que le département ne voulut pas y contribuer pour un centime. Il n'en est pas ainsi ordinairement : car une solennité agricole de ce genre a plutôt un caractère départemental que municipal. Nous eûmes, je crois, le triste privilège d'être exceptionnellement privés d'une subvention votée par le conseil général. Dans le département de l'Ain, j'ai présidé un concours : et le département alloua à cette occasion une subvention de 20,000 francs.

Quoiqu'il en soit, il fallait bien en prendre son parti. Je m'appliquai à compenser ce qui nous manquait de ce chef par une très-grande économie, et par une souscription publique.

J'allai à Paris. Je vis tous les entrepreneurs de concours régionaux. J'en rencontrai un qui n'avait point encore essayé cette spéculation : c'était M. Belloir. Je lui proposai de commencer par Montbrison, et lui promis de le recommander chaudement à mes collègues, s'il nous donnait satisfaction. Grâce a cette circonstance, nous obtînmes de lui les conditions les plus favorables. Je traitai avec la compagnie du Bourbonnais pour le transport de cet immense matériel jusques à Montrond, avec un voiturier de Bellegarde pour le transport à Montbrison. Tout cela se fit très-économiquement, et l'administration fut très-satisfaite de l'installation de M. Belloir, qui était aussi élégante que confortable.

Les fêtes publiques eurent beaucoup d'éclat. Il y eut banquet, feu d'artifice, bal dans la salle de spectacle, bal champêtre, musique d'un régiment de Lyon, et même un ballon de Gaudard !....

Enfin la ville pratiqua l'hospitalité sur la plus large échelle : elle offrit des logements à tous les membres du jury de la prime d'honneur.

Pour faire face à ces dépenses, le conseil inscrivit, le 9 mai 1856, au budget de 1857, un premier crédit de 4,500 francs.

Le 9 mars 1857, il vota un supplément de 2,000 francs. La souscription publique avait produit près de 4,000 francs. Enfin les droits d'entrée s'étaient élevés, en chiffres ronds, à 500 francs. C'était une ressource totale de 11,000 francs à laquelle il faut ajouter, pour mémoire, quelques sommes peu importantes prélevées, conformément au vote du conseil du 9 mars, sur le crédit des dépenses imprévues.

Or, à Bourg, en 1857, le chiffre de la dépense a été de 30,000 francs !!!

Je crois avoir, dans cette circonstance, sauvegardé, dans une large mesure, les intérêts de la ville de Montbrison.

Service de la salubrité.

(Enlèvement des boues.)

Le 28 février 1857, j'exposai au conseil municipal que le service de l'enlèvement des boues de la ville était fait depuis quelque temps d'une manière déplorable ; que, malgré tous les moyens employés, l'adjudicataire ne tenait pas ses engagements et que j'allais être obligé de remettre ce service en adjudication à la folle-enchère de l'entrepreneur.

Une commission, composée de MM. Dubois, Halier, Gourou, fut chargée d'étudier un nouveau projet dont j'entretins le conseil.

A la séance du 9 mars, le rapporteur assura que le service, en effet, avait toujours été une des difficultés contre lesquelles étaient venues se heurter toutes les administrations municipales. Jamais il ne s'était fait d'une manière régulière.

« Cependant, disait le rapport, l'entreprenenr se trouve dans les
« conditions les plus favorables pour qu'on puisse exiger de lui
« l'accomplissement de toutes ses obligations. La ville de Montbrison
« est le centre d'un pays exclusivement agricole : les terrains ont
« besoin d'engrais fécondants. Il semblerait que les immondices
« devraient suffire à l'indemniser de son temps et de ses dépenses.
« Néanmoins il reçoit une subvention de 1,000 francs, lorsque, dans
« de simples communes rurales, le droit d'enlever les boues est
« affermé 4 à 500 francs. Et, malgré cet immense avantage, il
« soulève les plaintes les plus méritées contre la négligence qu'il
« apporte à remplir ses engagements. Nous vous proposons de pren-
« dre des mesures énergiques qui fassent cesser l'abus dont se plaint
« l'administration municipale, en adoptant le projet de règlement
« qui vous est soumis. »

Ce projet consistait à acheter des chevaux, leur harnachement et des tombereaux, à louer des voituriers et à faire en régie l'enlèvement des boues. Le service, bien aménagé et bien surveillé, pouvait être terminé à midi. Et dans la soirée, les chevaux devaient être loués à des particuliers suivant un tarif annexé, ou être employés pour les divers travaux de la ville.

Les habitants ne devaient plus jeter à l'avenir, dans les rues, les cendres ou immondices provenant de l'intérieur des maisons, mais les recueillir dans des sceaux, qui seraient versés dans les tombereaux par les voituriers.

Les recettes et les dépenses devaient à peu près se balancer. On devait bénéficier des mille francs donnés auparavant à l'entrepreneur et du travail fait par les chevaux pour la ville.

Le conseil adopta le projet et le règlement proposés par la commission, et autorisa le maire à les mettre immédiatement à exécution. Et un crédit de 3,400 francs fut inscrit au budget additionnel pour frais de premier établissement.

A dater de ce moment, le service s'est fait très-régulièrement ; je n'ai pas reçu la moindre plainte pendant mon administration.

Voici dans quelle mesure mes prévisions se réalisèrent jusques en 1862, non compris le travail fait par les chevaux pour la ville :

BUDGETS	RECETTES	DÉPENSES
1860	2,500	2,700
1861	2,500	2,700
1862	2,700	2,700

Ecoles de musique et de dessin. — Sociétés chorale et philharmonique.

Ce fut à la séance du 27 février 1857 que j'entretins pour la première fois le conseil municipal de l'opportunité de compléter l'instruction primaire par l'enseignement de la musique et du dessin.

Ce n'est pas sans être profondément convaincu de l'utilité de cette double institution que j'en ai entretenu mes collègues. « L'étude « des beaux-arts a ce charme incomparable, dit un profond mora- « liste, qu'elle est absolument étrangère aux affaires et aux com- « bats de la vie. Les intérêts privés, les questions politiques, les » problèmes philosophiques divisent profondément et mettent aux « prises les hommes. En dehors et au-dessus de ces divisions, le « goût du beau dans les arts les rapproche et les unit : c'est un « plaisir à la fois personnel et désintéressé, facile et profond, qui « met en jeu et satisfait en même temps nos plus nobles et nos plus « douces facultés, l'imagination et le jugement, le besoin d'émotions « et le besoin de méditation, les élans de l'admiration et les ins- « tincts de la critique, nos sens et notre âme. »

Ces réflexions sont profondément vraies, et la pratique les justifie dans la plus large mesure. Pour rester sur le terrain municipal, je dirai ici que c'est dans les départements les plus en progrès que j'ai trouvé le plus grand nombre de sociétés musicales, et dans les communes les plus avancées, les sociétés les plus florissantes. Presque partout, elles sont le symbole du patriotisme, et plus d'une a déposé des germes d'union là où de vieilles querelles divisaient les habitants. J'ai vu, chose étonnante, des rivalités locales, tendues au point de créer deux partis très tranchés et très hostiles l'un à l'autre, irréconciliables, trouver un allégement, un dérivatif dans la création de deux sociétés. Là, les haines se changeaient en émulation ; et cette émulation, surexcitée, créait, constituait une sorte de soupape par où les mauvais sentiments trouvaient une issue. Je pourrais citer les villes et les noms des sociétés.

Presque partout l'union et l'accord se font autour de ces associations, qui constituent un des fleurons dont la commune couronne sa tête. C'est un point sur lequel convergent toutes les sympathies et tous les amours-propres : c'est le lustre des fêtes municipales, la principale jouissance des fêtes publiques.

Pour que ces conditions se perpétuent et ne soient pas un accessoire factice de la vie communale, il faut que les associations aient une existence propre. La commune peut bien les créer d'abord , pourvoir à tous les frais de leur installation et de leurs premières années. Mais il importe qu'elles deviennent sociétés volontaires, se recrutant librement, empruntant leurs ressources aux cotisations volontaires, et ne recevant plus qu'une subvention du budget municipal.

Telles étaient les idées dont s'inspirait ma proposition, idées que je rendis publiques l'année suivante à une distribution solennelle de prix, organisée dans le vaste local de la halle et où les premières récompenses furent données aux jeunes lauréats des cours de musique et de dessin.

Le conseil municipal nomma, pour étudier ma proposition, une commission composée de MM. Rey, Chazelle, Georges et Dubois.

M. Rey fut nommé rapporteur. Son rapport, dont il donna lecture dans la séance du 9 mars, porte l'empreinte d'une grande élévation de pensées, en même temps qu'il respire un sentiment bien profond de la situation faite alors à notre ville, et un dévouement qui ne s'est jamais démenti à ses intérêts. Je regrette que les limites de cet exposé ne me permettent pas de le reproduire. Mais je suis heureux de dire, en passant, que j'ai toujours rencontré auprès de M. le docteur Rey le concours le plus empressé et le plus bienveillant, et ses conseils m'ont été utiles en bien des circonstances : c'est un cœur éminemment Montbrisonnais. Il est à regretter que la révolution du 4 Septembre soit venue mettre fin à une administration qui séduisait par son honnêteté et au moment où elle commençait à porter ses fruits.

Cours de dessin. — Un artiste d'origine flamande, et qui ne manquait pas de talent, M. Cuignet Van Liémen, s'était établi à Montbrison depuis quelque temps. Il offrit d'ouvrir une école de dessin ; mais il demandait au préalable à se faire juger en exécutant une commande de la ville. Sur les conclusions du rapport de la commission, le conseil municipal décida qu'il exécuterait les portraits du père Duguet et du jurisconsulte Henry, deux célébrités Montbrisonnaises.

Le 3 novembre de la même année, je donnai lecture au conseil municipal d'un programme de cours de dessin que j'avais demandé à à M. Coignet. Ce programme, s'inspirant de l'intérêt plus encore que du plaisir des élèves, comprenait le dessin linéaire et le dessin proprement dit. A la seconde année, les élèves les plus avancés devaient passer à l'ornementation et à la bosse. « Le cours sera fait, « disait M. Coignet, de manière à ce que toutes les positions sociales « y trouvent un agrément d'abord, ensuite et surtout une utilité. »

Le conseil, acceptant les termes de ce programme, décida l'ouverture d'un cours public et gratuit de dessin, et vota une somme de 500 francs pour le traitement du professeur.

L'empressement des élèves fut tel que la salle, destinée au cours, se trouva trop petite : il fallut en ajouter une autre. Ils firent preuve d'un grand zèle et d'une application sérieuse. Les visites nombreuses qu'ils recevaient, étaient pour eux un sérieux encouragement.

Bientôt ils trouvèrent qu'une leçon par semaine ne suffisait point à leur désir d'apprendre : et le 22 mai 1858, ils m'écrivirent pour me demander de porter à deux le nombre des séances.

« ..... Ils vous prient, disaient-ils en terminant, de prendre en « considération le désir qu'ils ont de s'occuper avec plus d'ardeur « encore, s'il est possible, d'un art si agréable par lui-même, et « qui, pour un grand nombre déjà, ouvre une nouvelle ère d'es- « pérance. Permettez donc que le cours de dessin soit augmenté « d'une classe par semaine. »

Le conseil acquiesça avec empressement à ce désir et donna au professeur une augmentation de 150 francs.

M. Cuignet faisait en même temps un cours aux enfants de l'école communale.

A dater de ce moment, l'enseignement du dessin était fondé à Montbrison et il se maintint jusqu'à mon départ. Toutes les années une exposition publique des ouvrages des élèves permettait d'apprécier leurs progrès. Mais, avec les progrès, la tâche du professeur devenait plus difficile, et il devait consacrer un temps plus long à ses leçons. Il pria le conseil de vouloir bien lui en tenir compte en élevant son traitement à mille francs. Les finances de la ville ne le permirent pas, et sa demande, que je trouvais moi-même inopportune, fut rejetée par le conseil municipal à la séance du 29 juin 1861. Mon successeur et le conseil lui firent plus tard un accueil plus favorable : le traitement fut porté à 850 francs.

Cours de musique. — Les premières offres du conseil municipal restèrent stériles jusques au concours régional. M. Loth, chef de la musique du régiment qui fut envoyée à cette occasion à Montbrison, se laissa tenter par la perspective de s'y fixer, et le conseil m'autorisa à traiter avec lui, en lui attribuant un traitement de 1,400 francs.

Immédiatement, il se mit à l'œuvre, rassembla les débris épars de l'ancienne société philharmonique, organisa des cours, forma une chorale et donna des leçons à l'établissement des Frères de la doctrine chrétienne.

Mais il se présenta dès les premiers jours une grave question, celle des instruments. Je déclarai très-nettement que le conseil n'interviendrait qu'à titre de subvention, et que les sociétaires devaient au préalable se cotiser. C'est ce qui eut lieu immédiatement. M. Loth, en l'annonçant au conseil dans sa séance du 27 juillet 1857, se borna à demander une subvention de 400 francs, qui fut votée sans difficulté. Elle fut abaissée et maintenue à 250 francs et à 300 francs pendant les trois années qui suivirent jusqu'à mon départ.

M. Loth s'acquitta très-consciencieusement de sa tâche, à tous les points de vue. C'était un véritable artiste et un maître sérieux. Malgré sa grande vivacité, ses élèves s'attachèrent à lui ; ils lui savaient gré de cet amour-propre excessif et de cet intérêt dont s'inspirait sa direction.

Je trouve, dans un document qui porte la date du 10 juillet 1859, l'expression, par les membres des deux sociétés, des sentiments les plus honorables pour lui.

A la fin de la première année, il avait déjà 22 élèves pour l'instrumentation et 60 pour la partie chorale. Aussi le local où se donnaient les leçons était devenu insuffisant, et le conseil m'autorisa au mois d'août 1858, à y faire exécuter quelques travaux pour l'agrandir.

La jeune société philharmonique fit de rapides progrès. Elle devint bientôt l'ornement de nos fêtes : et presque tous les dimanches, pendant la belle saison, elle jouait au jardin public. La ville, ces jours-là, avait une animation inaccoutumée, et on voyait bien que personne ne regrettait l'argent consacré à cette institution.

Malheureusement, à la fin de 1861, la santé de M. Loth s'affaissa subitement ; et quand je quittai la ville, je constatai, avec regret, qu'il ne pouvait plus continuer sa tâche.

Je n'ai pas besoin de dire que les cours de musique et de dessin étaient sous la surveillance d'une commission permanente, désignée par le conseil municipal.

Route du Vizézy.

Ce chemin est destiné à ouvrir une communication entre Montbrison et la chaîne de montagnes qui nous sépare du Puy-de-Dôme, par le canton de Saint-Georges-en-Couzan. Ce n'est point ici le lieu de démontrer l'importance de cette route, classée parmi les chemins d'intérêt commun, sous le n° 1.

En arrivant aux affaires, je l'ai trouvée ouverte aux abords de la ville, sur l'emplacement de la partie méridionale de l'ancien jardin d'Allard. Elle aboutit au boulevard Lachèze, en face de l'ancien hôtel Simon Gaingard, aujourd'hui Dussurget. Cette arrivée n'est pas très-heureuse. On se heurte à un pâté de maisons qu'on ne verra pas démolir de longtemps, pour continuer cette artère jusqu'au centre de la ville. On a été séduit par l'économie d'un projet qui n'obligeait pas à acquérir des terrains ou des immeubles qu'il aurait fallu nécessairement payer fort cher.

J'ai été assez heureux pour intéresser vivement l'administration départementale à ce chemin. Il a reçu de très-importantes subventions qui ne se sont pas élevées à moins de 50,000 francs pendant mes six années de mairie. Le conseil municipal lui consacrait une partie importante des prestations de la ville. Et pour activer les travaux, il décida le 29 janvier 1859, que toutes les années une somme de 2,000 francs serait consacrée aux travaux d'ouverture pendant une période de huit ou dix années. Le préfet reconnaissait d'ailleurs tout l'intérêt que la ville pouvait avoir et témoignait à cette route, en centralisant tous les fonds dans la caisse du receveur municipal.

Pendant mon administration, elle a été ouverte sur un parcours de huit kilomètres, et il a été depensé une somme de 70,000 francs à peu près, y compris les trottoirs jusqu'au pont et l'empierrement jusqu'au moulin Gras.

Horloges publiques.

Depuis longtemps on se plaignait des horloges de la ville, qui ne marchaient que grâce aux soins assidus que leur donnait à tout instant, je dirai presque à toute heure, M. Morel, chargé de leur entretien. A un moment les plaintes furent si vives, que je crus devoir en saisir le conseil municipal à la séance du 27 février 1857.

Un horloger de Saint-Etienne, M. Peyrot, proposa d'essayer à Montbrison une invention récente, celle de l'électricité appliquée aux horloges. Une commission, composée de MM. Couchoud, Pitiot, Rey et Griffon, fut chargée d'étudier la question et de faire un rapport sur les propositions de cet industriel.

A la séance du 9 mars, le rapport fut lu à l'assemblée.

La commission avait été très séduite par les avantages que le système offrait en lui-même, par les facilités énormes qu'il donnait de places des cadrans sur quelque point que ce fut, moyennant une légère dépense, et enfin par l'économie considérable qu'il présentait sur le système ordinaire.

Aussi, après s'être assuré que nos vieilles horloges étaient tout-à-fait hors de service, concluait-elle à l'adoption du projet de M. Peyrot, qui devait placer une horloge type à secondes à la mairie et quatre cadrans sur la façade de l'Hôtel-de-Ville, à la Halle, à Notre-Dame et au Palais-de-Justice, avec sonnerie sur ces deux derniers points Le mouvement et la régularité auraient été communiqués à ces divers cadrans par l'horloge de la mairie au moyen d'une pile et de fils électriques. La dépense totale devait être de 3,584 francs, tous frais compris.

Le conseil adopta les conclusions de la commission et M. Peyrot se mit à l'œuvre. Malheureusement l'événement ne vint pas confirmer nos espérances. Pour des raisons que je ne puis apprécier, le système ne marcha pas du tout ou très-mal, même dès les premiers jours. Des plaintes légitimes s'élevèrent de toutes parts. J'en prévins M. Peyrot ; j'insistai auprès de lui pour qu'il mît un terme à une situation qui pouvait compromettre ses intérêts et sa réputation, et qui, dans tous les cas, était intolérable pour la ville. Il resta sourd à mes observations. J'en entretins le conseil dans la séance du 5 janvier 1858 et je fus autorisé à le poursuivre en justice.

Il fit alors tout ce qui dépendait de lui pour améliorer le système. Nous tînmes compte de sa bonne volonté et fîmes preuve d'une grande patience. Mais toute longanimité, en matière de services publics, a ses bornes. Lui-même reconnut que l'expérience était faite, et il déposa entre mes mains une promesse de placer des horloges ordinaires à Notre-Dame et au Palais-de-Justice. Le conseil, dans sa séance du 13 décembre 1859, prit acte de ses propositions et les acc epta en principe. Il décida qu'une commission serait chargée de recevoir les nouvelles horloges et d'apprécier l'indemnité qui pourrait être due pour cette fourniture.

Le 29 septembre suivant, il approuva un traité passé entre le maire d'une part, MM. Peyrot et Bailly-Comte de l'autre, pour la livraison et la pose de deux horloges, l'une à la Halle, l'autre à Notre-Dame, avec sonnerie sur deux cloches différentes.

M. Bailly-Comte est un des fabricants les plus considérables de Morez. Il voulut traiter directement avec la ville, laquelle avait d'ailleurs à cela un intérêt immédial, puisqu'elle avait sa garantie personnelle pendant quatre ans.

Dans l'intervalle, M. Peyrot avait placé l'horloge du Palais-de-Justice.

Dans ces différentes négociations les intérêts de la ville furent sauvegardés : toutes les pertes furent subies par M. Peyrot ; on ne lui paya que ce qui pouvait être utilisé par le nouveau système. En réalité, les trois horloges de Notre-Dame, du Palais-de-Justice et de la Halle, plus le petit horloge-régulateur de l'Hôtel-de-Ville, avec tous les cadrans, n'ont coûté à la ville que 5,320 francs. La garantie s'étendait jusqu'à la fin de la 4ᵐᵉ année, c'est-à-dire jusqu'en janvier 1865.

Les crédits pour solde furent inscrits au budget additionnel de 1860 et au budget de 1861.

Ecurie des étalons.

A la séance du 22 mai 1858, je dis au conseil : « Messieurs, « pour loger les chevaux de la ville et les étalons de la station de « Montbrison, vous êtes obligés de louer des écuries. Elles sont mal « établies, malsaines et mal situées. M. le directeur du haras de « Cluny nous a formellement demandé la construction d'une écurie « convenable. Si nous tenons à conserver notre station, nous ne « pouvons nous refuser à acquiescer à une demande aussi légi- « time. Je ne puis rien préciser sur la dépense de cette construction « que je n'ai pas encore mise à l'étude. Mais nous pouvons appré- « cier d'une manière assez exacte les sommes dont nous bénéfi- « cierons.

« Loyer Damon pour étalons et frais accessoires. · · · 280 »
« Loyer de l'écurie des chevaux de la ville. · · · 100 »
« Vente du fumier des étalons. · · · · · · 100 »

« Total. · · · · 480 »

« Cette somme, qui ne peut aller qu'en augmentant, doit repré- « senter l'intérêt de l'argent que nous consacrerons à cette dé- « pense.

« Si vous adoptez ma proposition, je m'occuperai de chercher un « emplacement, et je mettrai le projet à l'étude. »

Le conseil, à la suite de considérants très-bien motivés, m'auto- risa à faire l'acquisition d'un emplacement, et décida que l'architecte

ferait un devis et un plan qui comprendra deux chambres, une
pour le palefrenier et une pour un des voituriers de la ville.

Le 9 juin, la commission présenta le clos Escaille, situé à la Madelaine. Le propriétaire en demandait 4,500. Ce prix fut accepté par le
conseil, qui trouvait à ce terrain un grand avantage, celui d'être
entouré de murs et dont une partie pouvait être revendue au prix de
1,500 fr.

Un premier crédit de 5,500 fut inscrit au budget de 1859 pour la
construction ; celui pour l'acquisition, devant trouver place au budget additionnel.

Le projet fut soumis au conseil et adopté dans la séance du 5
juillet. Il s'élevait à 7,200.

L'adjudicateur fut M. Dubaun, entrepreneur.

Deux autres crédits, de 1,700 et de 500 fr., furent inscrits aux
budgets additionnels de 1860 et de 1861.

Et le prix d'acquisition fut l'objet de l'art. 90 du budget de 1861.

L'excédent du terrain ne fut pas vendu : Le conseil décida qu'il
serait consacré à servir d'annexe au jardin de la ville, pour la reproduction des fleurs.

Cet établissement est très-confortable et le service de la remonte s'y
fait admirablement bien.

Salle d'Asile.

C'est à M. Durand que la ville doit la création d'une salle d'asile, à
titre d'essai. On appropria à cet usage, la partie du bâtiment de
l'Hôtel d'Allard, connu sous le nom de dépôt. Malgré une installation
fort incomplète, dans un local obscur et malsain, l'institution s'accli-
mata dans notre ville, grâce aux bons soins des sœurs Saint-Charles,
et surtout au zèle pieux et à l'admirable entrain de la sœur Saint-
Robert.

Mais l'administration académique ne tarda pas à se plaindre des
conditions mauvaises, dans lesquelles se trouvait cet établissement.
Les exercices ne pouvaient point s'y faire commodément. Et surtout
la santé des enfants pouvait souffrir du défaut d'air et de lumière.

Ces inconvénients graves m'avaient déjà frappé. J'en avais entretenu plusieurs fois les dames patronesses dont le dévouement contri-
buait si puissamment à la prospérité de l'œuvre. Tout le monde
l'entourait d'ailleurs de cette touchante sollicitude qu'inspire toujours
l'enfant au sortir du berceau.

Je formai le projet de construire une nouvelle salle d'asile. Comme
la ville avait déjà fait beaucoup de dépenses, je me proposai de ne
lui demander qu'une subvention pour cette construction. Je comptais
réaliser d'importantes ressources par une loterie, des représentations,
des concerts et une subvention de l'État et du département.

Les dames patronesses organisèrent d'abord la loterie. Elle fut autorisée par arrêté préfectoral du 18 septembre 1858, et le 5 mars suivant, le conseil municipal donna un lot. L'Empereur et la princesse
Clotilde en envoyèrent également. Et lorsque le premier élan fut

donné, ils affluèrent de toutes parts. Les dames patronesses y mirent un tel dévouement que les billets furent très-promptement placés ; on dut faire une seconde émission. Cette loterie réussit au-delà de toute espérance ; elle rapporta près de 4,000 fr.

Le tirage eut lieu dans la salle des élections. Ce fut un jour de fête pour la ville.

Des représentations furent données en même temps au théâtre par une troupe de jeunes amateurs ; elles produisirent plus de deux mille francs.

Je devais légitimement compter sur un secours de 3,500 fr. C'était donc en tout une somme de près de dix mille francs dont je disposais. Je pouvais alors présenter en toute sécurité un plan au conseil municipal. C'est ce que je fis dans la séance du 25 mai 1859.

Le conseil l'adopta et vota une subvention de 3,000 fr. Le projet s'élevait au chiffre de 12,000 fr.

L'emplacement était admirablement choisi, sur un délaissé du jardin d'Allard, éloigné de tout groupe d'habitations, sur le bord d'un cours d'eau, dans une situation élevée, et jouissant d'un vrai luxe d'air et de lumière. Il était en même temps à proximité des écoles gratuites de filles, ce qui permettait aux élèves de conduire à l'asile leurs petits frères et leurs petites sœurs, en venant elles mêmes aux classes.

La clôture et la plantation du jardin contigu, la création d'une nouvelle salle, exigée par l'administration académique occasionnèrent un supplément de dépenses. Mais il fut largement couvert par une somme de 1,532 fr., produit de concerts et de représentations, que je laissai en caisse à mon départ, ainsi que le constate une délibération du 27 novembre 1861.

Dans le projet, j'avais fait de grandes salles au premier étage ; je pensais y transporter les écoles de filles de la paroisse Notre-Dame qui étaient fort mal installées sur la terrasse du jardin de la ville. Je n'ai pas fait cette installation avant mon départ. Depuis on a adopté d'autres dispositions, Je regrette beaucoup le premier étage qui a augmenté considerablement la dépense, et qui n'a servi de rien, sinon à y loger les mobilisés pendant un mois ou deux.....

L'emplacement de l'ancienne salle d'asile a été et est encore loué 200 fr.

Fontaines.

La restauration, ou plutôt la nouvelle construction des fontaines était comprise dans l'emprunt contracté sous l'administration de M. Durand pour une somme de 40,000 fr. Lorsque je fus installé, il n'y avait sur ce crédit de disponible qu'une somme de 35,500, savoir:

Budget additionnel de 1855 :

Art 63. 14,000

Budget de 1856 :

Art. 93. 21,500

____

35,500

Avec une somme, relativement aussi faible, on ne pouvait rien faire de complet. On sait, par les projets qui ont été dressés depuis, quelle dépense considérable exigeait la reconstruction de notre système d'approvisionnement d'eaux. Le conseil ne se faisait pas illusion à cet égard, et il cherchait une combinaison qui lui permit d'arriver au même résultat sans créer de nouvelles charges aux contribuables.

M. Prost, entrepreneur de conduites d'eau, nous avait proposé de se charger de ce grand travail moyennant une subvention annuelle et le privilége de la vente des eaux aux particuliers. Le conseil m'autorisa le 19 mai 1856 à entrer en pourparlers avec lui.

Je le fis venir à Montbrison et il me fit des propositions que je soumis au conseil à sa séance du 13 juin. Voici en résumé ce qu'elles étaient :

M. Prost faisait l'avance du capital ; et la ville le lui remboursait avec intérêt dans un délai déterminé. Pendant ce laps de temps, il aurait reçu une somme annuelle de mille francs pour frais d'entretien, et il était autorisé à faire des concessions d'eau aux particuliers à raison de 0,05 par hectolitre. Après sa complète libération la ville entrait en jouissance et possession de tous les établissements privés et publics.

De premier abord, le conseil accepta les propositions ; mais il ne tarda pas à comprendre combien elles étaient onéreuses : et aucune suite ne leur fut donnée.

On tâtonna pendant quelque temps ; à plusieurs reprises, on revint sur la question de prise d'eau. Les prédécesseurs de M. Robert ayant interrompu la prescription de la ville en ce qui le concernait spécialement, ses exigences effrayaient le conseil.

On cherchait si on ne pourrait pas, en établissaint la prise d'eau ailleurs, éviter une onéreuse transaction : on ne trouva rien de satisfaisant. Enfin, sur la proposition de la commission du contentieux, le conseil pensa qu'il était dans les intérêts de la ville de traiter, et il approuva le 28 avril 1859 la convention qui achetait à M. Robert ses droits à la prise d'eau moyennant un capital de 11,000 fr.

Et le 23 septembre de la même année, le conseil décida que Messieurs les ingénieurs des ponts-et-chaussées seraient chargés de faire les plans de la nouvelle prise d'eau des fontaines La question en était là quand j'ai quitté la mairie.

Mais dans l'intervalle, nous avions profité d'une prise qui n'était contestée par personne, celle dite de Beauregard, située à la tête du moulin Pagnon.

En effet, le 9 juin 1858, je proposai au conseil de l'utiliser pour donner de l'eau à des quartiers qui en étaient complètement privés, c'est-à-dire à toute la partie de la ville située au sud de la Tupinerie. Elle n'alimentait à cette époque que trois bornes fontaines, celles en face de l'asile, de la Croix-de-Mission, et de la place de la Mairie. En adaptant à ces fontaines des jets intermittents, le volume d'eau était suffisant pour avoir des bornes à la rue Neuve, à la Tupinerie, sur le quai des eaux minérales, et sur le boulevard à l'angle de la rue

d'Ecotay, de la maison du Cercle, de la rue de Moingt et en face de
la caserne, soit sept bornes nouvelles.

C'était un bienfait inappréciable pour ces quartiers qui avaient été
privés d'eau jusque là, ou n'avaient que de mauvaises pompes. Ils
représentaient une population de 1417 habitants.

Le conseil adopta ma proposition, et la commission des fontaines fut
autorisée à donner le travail à un entrepreneur en traitant de gré
à gré avec lui, sans avoir recours à la voie de l'adjudication.

Ce fut M. Petavit qui fut chargé de cette entreprise. C'était un
ouvrier consciencieux et intelligent. Il eut le tort de croire que
de simples tuyaux en poterie du pays suffiraient, et qu'on pourrait faire
l'économie de la fonte ou des tuyaux de M. Prost. Ce fut une erreur;
quelques-uns ne furent pas assez forts pour supporter la charge et
les coups de bélier des bornes-fontaines. Il y eut des réparations assez
nombreuses dans les deux premières années ; tout ce qui avait un
défaut se brisa. Mais les appareils résistèrent ensuite. Car je lis dans
un rapport de MM. Escaille, Bournat, Georges, Boudoint, Benoit, Rony,
Gouro, rapport approuvé par M. Graëff : « L'eau dérivée à Beauregard
« est conduite à l'aide de tuyaux de poterie qui sont soumis à une
« faible pression et résistent bien à la charge qu'ils éprouvent. . . .

. . . .

« Cette canalisation sera conservée sans modification dans le projet
« actuel, et continuera à fonctionner comme par le passé. »

(Séance du conseil municipal du 13 août 1864.)

Ce même rapport dit que l'eau : « est déversée dans les quartiers
« bas de Montbrison sans filtrage ni repos. » C'est une erreur. Il y a
au contraire sous la contre allée et immédiatement après la prise
d'eau, une chambre à filtre et une chambre de repos. L'une et l'autre
doivent être visitées et nettoyées souvent.

Cette conduite dans la partie méridionale de Montbrison a coûté
une dizaine de mille francs.

Abattoir.

Tout le monde se rappelle cet ignoble quartier, connu dans Montbrison sous le nom de Boucherie. Là étaient réunis, comme dans un
Lazaret, tous les bouchers de la ville. Ils y avaient leurs tueries, leurs
échaudoirs, leurs séchoirs, leurs dépôts d'immondices et leurs bou-
tiques. C'était un véritable foyer d'infection installé au centre de la
ville. M. Durand n'avait pas pu réussir à faire adopter à Paris un
emprunt de 190,000 qui comprenait un abattoir ; il dut sacrifier ce
dernier projet.

Je ne pus me décider à conserver plus longt-temps une installation
aussi insalubre que barbare. Le public réclamait un abattoir. Les
bouchers eux-mêmes ne pouvaient plus supporter le *statu quo*; et
comme je le disais dans un de mes rapport, il faut leur savoir gré
de la patience dont ils ont fait preuve.

L'abattoir actuel a un grand défaut; il n'est pas assez élevé au-dessus
de la rivière et les eaux grasses ne s'écoulent pas facilement. C'est un

vice inhérent à l'emplacement. Malheureusement nous avons dû le prendre comme on nous l'avait donné ; il avait été acheté par l'admistration qui m'avait précédé ; il était connu sous le nom de clos Gonnard.

Le conseil municipal pensa d'abord concéder l'abattoir à un entrepreneur (voir la délibération du 19 mai 1856).

Mais plus tard, il changea d'opinion, et décida de l'exploiter pour le compte de la ville. C'était d'autant plus naturel que ces établissements jouissent d'un privilège particulier. La loi a voulu, pour favoriser leur création, qu'ils puissent se constituer par eux-mêmes un budget qui permit de pourvoir à leur construction et à leur entretien. Elle a établi des *taxes d'abattage* qui sont perçues pendant toute la durée de l'amortissement du capital consacré à leur construction, et qui doivent être réduites ensuite aux besoins d'entretien. L'architecte et moi allâmes visiter les abattoirs de Lyon dans tous leurs détails, et nous présentâmes un projet qui fut soumis à une commission composée de MM. Bouvier, Escaille, Georges, Lhôte, Laffay et Chazelles, et approuvé dans la séance du 20 novembre 1858.

Les formalités à l'administration centrale furent très-longues ; le projet nous revint plusieurs fois. Le conseil dût modifier, à diverses reprises, son règlement et son tarif par suite des exigences du ministre de l'agriculture et du commerce. Il ne fut définitivement approuvé qu'en 1860, et ne put être mis en adjudication qu'en 1861. Ce fut M. Lambert qui resta adjudicataire.

Les travaux étaient fort peu avancés lorsque je quittai l'administration municipale.

Eglise Saint-Pierre.

Je touche à un sujet qui a soulevé de vives passions à un moment donné, si j'en juge par quelques publications qui m'ont été communiquées, et qui a rencontré, après moi, une certaine opposition dans l'administration. Comme cette affaire a été entamée pendant que j'étais maire, je dois donner quelques explications.

J'affirme tout d'abord que, lorsqu'elle fut présentée pour la première fois au conseil municipal, elle y reçut l'accueil que méritent les projets sérieux, difficiles, et susceptibles d'engager, au-delà des prévisions, les finances municipales. Pendant toute la durée de cette longue et délicate négociation entre la fabrique et l'administration municipale, le conseil s'est montré sympathique à cette amélioration, dans la mesure rigoureuse des sacrifices qu'il pouvait consentir.

L'affaire se présenta pour la première fois le 25 mars 1859, sous forme d'une demande de secours.

Le conseil de fabrique exposait que l'église avait besoin de réparations urgentes estimées par l'architecte à 7,140 ;

Que cette somme élevait à 12,150 le montant de ses dépenses ordinaires et extraordinaires ;

Que ses ressources étaient limitées au chiffre de 7,047 ; ·

Que, par conséquent, il y avait un déficit, pour lequel il recourait au conseil municipal, conformément aux disparitions du décret de 1809.

« La commission du budget étudia cette demande avec beaucoup de soin. Je transcris ici les considérants et les conclusions de son rapport qui furent adoptées par le conseil municipal.

« ..... Considérant qu'en s'adressant au conseil municipal de Montbrison, la fabrique de la paroisse de Saint-Pierre use du droit que lui confèrent les articles 92 et suivants du décret du 30 décembre 1809, qui imposent aux communes l'obligation de pourvoir aux réparations des édifices consacrés au culte, lorsque les ressources des fabriques sont insuffisantes ;

« Considérant que la somme de 5,003 fr., montant du déficit constaté par le budget de la fabrique de Saint-Pierre, a pour cause l'inscription au chapitre des dépenses d'une somme de 7,140 francs destinée à des réparations à faire à la dite église, suivant le devis et l'estimation qui en ont été dressés par l'architecte de la ville, en exécution de l'ordre de M. le maire du 5 février dernier ;

« Considérant que le conseil municipal a incontestablement le droit d'examiner la nature des dépenses projetées,

« Considérant qu'aux termes mêmes du rapport de l'architecte, ces dépenses n'ont pour but ni de consolider l'édifice, dont la solidité n'inspire aucune crainte, ni de l'agrandir, comme l'exigerait la population de la paroisse, agrandissement jugé impossible sur le local occupé par l'église; mais d'effectuer quelques meilleures dispositions dans les sacristies, de faire certains travaux de restauration tant intérieur qu'extérieurs, de tenter un assainissement que la position de l'église rend plus que douteux, d'après l'avis de l'architecte ; et que cependant l'ensemble de ces dépenses s'élève à la somme de 7,140 fr. ;

« Considérant que l'église Saint-Pierre, malgré les sommes importantes qui ont été successivement employées à sa restauration, ne répond pas aux besoins de la paroisse, et qu'elle n'y répondrait pas davantage après les nouvelles réparations projetées ,

« Considérant que toute participation à une dépense évidemment inutile est un mauvais emploi des fonds municipaux ;

« La commission est d'avis de rejeter, quant à présent, la demande du conseil de fabrique de l'église.

« Cependant, partageant le désir, non seulement des habitants de cette paroisse, mais encore de toute la ville, de substituer à l'église actuelle insuffisante et défectueuse sous tous les rapports, un édifice plus convenable,

« La commission pense que le conseil municipal pourra prendre l'engagement de participer à la construction d'une nouvelle église par une allocation qui serait repartie sur les budgets de plusieurs exercices, et dont l'importance correspondrait aux offres faites soit par la fabrique qui pourrait engager dans une certaine mesure; l'avenir de ses ressources ; soit par des personnes qui s'intéresseraient à une entreprise également réclamée par le sentiment religieux et la dignité de la ville ;

« Le conseil, adoptant tous les motifs développés dans le rapport de M. Du Chevalard, rejette, dans les termes où elle est faite, la demande du conseil de fabrique de la paroisse de Saint-Pierre.

« **Et invite** ce conseil à lui soumettre un projet qui réponde d'une manière plus complète aux convenances du culte, aux sentiments religieux de la paroisse, et à la dignité de la ville. »

Cette décision était on ne peut plus sensée. Elle appréciait avec beaucoup de sagesse les situations respectives de la ville et de la paroisse, du conseil municipal et de la fabrique.

Celle-ci se mit en mesure de déférer aux conseils qui lui étaient donnés. Elle fit étudier un plan de construction sur la place de la Sous-Préfecture, que le conseil donna pour cette destination ; et le 29 juin 1861, l'affaire revint au conseil municipal complètement instruite. Le bureau de fabrique présenta un avant projet de 150,000 francs et demanda une subvention de 30,000 francs, promettant de faire le surplus par des dons, souscriptions et subventions.

Le conseil nomma, pour examiner cette nouvelle proposition, une commission composée de MM. Escaille, Bournat, Georges, Dulac, Rony et Goure.

Dans la séance du 9 août, elle déposa son rapport, dont M. Bournat donna lecture. Je transcris ici ce document important pour l'histoire de l'église de Saint-Pierre :

M. Bournat dit : « Messieurs, votre commission a examiné très-scrupuleusement le projet de subvention qui lui était proposé par Monsieur le maire.

« Elle a reconnu en principe l'opportunité de reconstruction de l'église Saint-Pierre sur la place de la Sous-Préfecture. Mais en face du chiffre limité de nos ressources et de la dette qui grève notre avenir, elle a cru devoir, tout en adoptant le principe de la subvention, la restreindre dans des limites certaines et exclure toutes éventualités d'un nouveau concours. Elle vous propose donc l'adoption de la délibération suivante :

« Le conseil, etc.

« Considérant que, d'après les délibérations du conseil de fabrique, la construction doit être divisée en deux parties ; la première, comprenant le vaisseau de l'église et la seconde le porche et le clocher ;

« Considérant que, d'après un projet que de nouvelles études doivent rendre définitif, la dépense de la première série des travaux doit s'élever à une somme approximative de 120,000 francs ;

« Considérant que le conseil de fabrique offre de faire, par voie d'emprunt, de souscriptions ou de secours de l'Etat, celle de 90,000 francs et qu'il ne demande au conseil qu'un concours limité et d'une somme fixe de 30,000 francs ;

« Considérant que, par sa délibération du 25 mai 1859, le conseil municipal a rejeté la demande du conseil de fabrique tendant à obtenir une subvention de 5,103 francs, aux termes du décret du 30 décembre 1809, pour réparations urgentes ; que, par la même délibération, le conseil a pris l'engagement de concourir à la construction d'une nouvelle église ;

« Considérant que les ressources de la commune étant engagées pour un certain nombre d'années, il lui est impossible de fournir par un seul et même versement, une subvention qu'elle ne pourrait se procurer que par la voie de l'emprunt ; mais qu'elle pourrait arriver au même résultat par un secours annuel et dont les conditions seront étudiées ultérieurement ; qu'il sera facile de pourvoir à cette nouvelle dépense par une taxe additionnelle sur un des objets de consommation frappé de droits d'octroi ;

« Considérant que cette voie ouverte aux communes est essentiellement temporaire, et que, par conséquent, la dépense pour laquelle la surtaxe serait autorisée, doit être parfaitement déterminée ;

« Décide :

« La ville de Montbrison s'engage à payer une somme de 30,000 francs pour la reconstruction de l'église de Saint-Pierre ; mais sous les conditions suivantes, qui sont toutes de rigueur :

« 1° Le conseil de fabrique fera étudier à ses frais un projet complet de construction d'une église, avec plans et devis détaillés arrivant à un chiffre minimun de 120,000 francs, outre et non compris la partie en avant qui devra comprendre un porche et un clocher. Les plans et devis de cette partie seront faits en même temps.

« 2° Toutes ces pièces seront remises à l'administration municipale, qui aura le droit de les faire vérifier par son architecte et une commission du conseil municipal.

» 3° Si les plans et devis sont admis, le conseil de fabrique aura à justifier des ressources provenant de son encaisse, de souscriptions particulières ou dons du gouvernement, ou même d'emprunts contractés par ledit conseil, mais à la condition expresse de non recours contre la commune ; le chiffre total devra être de 90,000 francs *au minimum*, et, dans tous les cas, de la somme nécessaire pour, avec les 30,000 francs de la ville, faire le total de la dépense.

« 4° Après l'approbation des projets par l'administration supérieure, le conseil municipal votera définitivement les 30,000 francs dont il pourra repartir le paiement en cinq années ; ce paiement ne devant, dans tous les cas, commencer qu'après l'épuisement des 90,000 francs formant les ressources de la fabrique.

« 5° La somme nécessaire, si les recettes ordinaires ne peuvent alors s'y prêter, sera fournie en tout ou partie par une taxe additionnelle aux droits d'octroi.

« La ville déclare, dès à présent, de la manière la plus formelle, qu'elle réduit expressément sa contribution à la construction de l'église de Saint-Pierre à cette somme de 30,000 francs et qu'elle n'entend prendre part ni aux dépenses qui excèderaient le chiffre prévu, pour quelque cause que ce soit, ni à la construction du porche et du clocher.

« Le conseil exprime le vœu que la délimitation actuelle des paroisses ne soit pas modifiée.

« Le conseil adopte, dans tous ses termes, le projet de délibération dont le rapporteur vient de lui donner lecture. »

Je dois dire, pour compléter ces détails, que le conseil municipal, composé en très grande partie de paroissiens de Notre-Dame (20 sur 23) discuta cette grave affaire avec beaucoup de calme et un désir manifeste de la voir aboutir à la satisfaction de tous les intérêts. La question de suppression de paroisse ne fut pas soulevée. Chacun comprenait que la paroisse est une *commune religieuse*, si je puis me servir de cette expression, à laquelle chacun tient comme à la patrie où naissent, se débattent et se coordonnent tous ses intérêts moraux. Le baptême se lie si intimément à la naissance, le mariage religieux à l'union civile des époux, les grandes joies et les grands chagrins aux cérémonies de l'église, qui leur donnent leur vrai caractère ; les habitants des mêmes circonscriptions, de tous les âges et de toutes les conditions, se voient depuis si longtemps et si souvent, tous les dimanches, les uns à côté des autres, priant ensemble et vieillissant ensemble, que la paroisse finit par devenir une commune dans la commune ; mais celle-là ne portant point ombrage à celle-ci, parce que les choses qui s'y agitent ne sont point du même monde, ne touchent point aux mêmes passions. Et le temple est le centre commun qui personnifie la paroisse, constitue son unité, continue ses traditions et demeure, pour des siècles, le siége de tous les actes et de tous les incidents de la vie religieuse. Supprimer une paroisse, c'est frapper au cœur toute une population dans la spère la plus élevée de ses sentiments : c'est la blesser dans ses susceptibilités les plus respectables ; c'est attrister ses affections les plus délicates ; c'est, en un mot, une injustice et une cruauté.

Si, après le Concordat, alors que la question était entière, on eût proposé de n'établir qu'une paroisse à Montbrison, on n'eut pas rencontré peut-être de grandes difficultés. La cessation du culte public depuis de longues années et les grandes émotions que l'on venait de traverser avaient un peu détendu le sentiment de l'unité paroissiale. Mais, depuis 65 ans, la paroisse de Saint-Pierre est reconstituée. Pour tant de vies, il y a été dit le premier et le dernier mot, qu'aujourd'hui les paroissiens tiennent à leur église et à leur autonomie.

Au reste, je le répète, la question ne fut pas portée au conseil municipal.

Plus tard, la passion s'en est mêlée. On a trouvé de l'opposition et de la taquinerie là où, au contraire, on n'aurait dû rencontrer qu'encouragement et sympathie !

En entravant, par des interdictions ou des difficultés, la réussite du projet, en essayant de soulever contre lui une partie de la ville, les habiles ont cru l'étouffer, et, en l'étouffant, faire un acte politique d'une habileté extrême : c'était percé à jour, et c'était une maladresse ; je n'en dis pas plus long. On n'a réussi qu'à rendre plus tenace la résolution de la paroisse de Saint-Pierre.

D'ailleurs les choses mesquines et les sentiments étroits ne sont que passagers.... Ce qui est juste reste toujours et finit par triompher. La patience est la vertu et l'arme par excellence de toutes les bonnes causes.

III

SITUATION FINANCIÈRE

J'ai dit au commencement de ce travail que j'avais laissé la ville dans une situation financière meilleure qu'elle n'était lorsque je fus nommé maire de Montbrison. Je vais l'établir par des chiffres officiels.

Pour procéder avec ordre, j'exposerai ce qu'étaient l'*Actif* et le *Passif* de mon administration au moment de ma retraite. Les travaux que j'ai fait faire constituent l'Actif ; les dettes que j'ai laissées constituent le Passif.

Actif.

Les améliorations que j'ai réalisées doivent être divisées en deux parties : 1° celles qui ont été soldées par l'emprunt de 134,000 fr. contracté sous l'administration précédente ; 2° celles qui ont été faites au moyen des ressources ordinaires du budget ou de celles provenant de subventions, secours ou souscriptions. Ces dernières se sont élevées, pendant mon administration, à près de 100,000 fr.

§ 1ᵉʳ.

Améliorations réalisées au moyen de l'emprunt de 134,000 fr. contracté par M. Durand.

Cet emprunt se divisait en deux parties. La première était destinée à faire face à des dettes existantes : procès Bruyas, indemnité Couchoud, acquisition d'un emplacement pour l'abattoir, payement des maisons Lagarde, etc., etc. Elle s'élevait au chiffre de.   64,000 »

Ces dettes étaient déjà anciennes pour la plupart, et remontaient à l'administration de M. Bouvier pour un chiffre de 30,000 fr. à peu près. Tout était payé lors de mon installation.

La seconde partie était destinée à des améliorations non encore réalisées, et dont le détail suit :

Elargissement de la Grande-Rue et des abords du pont Notre-Dame	15,000	»
Pont Sainte-Anne et ses abords.	15,000	»
Fontaines.	40,000	»
	134,000	»

J'avais à faire emploi des trois derniers crédits, sauf d'une somme de 4,500 fr. qui avait été prélevée sur celui des fontaines pour exécuter la conduite de Beauregard à la Croix-de-Mission.

Aussi le budget de l'exercice 1856, qui était approuvé lors de mon entrée en fonctions, ne contenait-il que les crédits suivants :

Art. 63. — A valoir sur les fontaines. . . . . 14,000 »
Art. 90. — Solde des maisons démolies pour élargissement de la voie publique . . . . 20,500 »
Art. 93. — Pour reconstruction des conduits des fontaines et une nouvelle distribution d'eau . . . . . . 21,500 »
Art. 99. — Pont Sainte-Anne. . . . . 10,000 »
____
66,000 »

Ces fonds furent employés, conformément aux délibérations citées plus haut du conseil municipal, et de la manière suivante :

Elargissement de la grande-Rue et des abords du pont Notre-Dame. . . . . 20,500 »
(Ce crédit a même été dépassé ainsi, que cela résulte de la délibération du 9 mai 1856. — Exposé du budget additionnel.)
Construction du pont Saint-Anne et acquisition de maisons aux abords, suivant détail des délibérations du 19 mai 1856 et 28 février 1857 . . . . 24,100 »
(Y compris une indemnité de 400 fr. donnée à l'hospice.)
Réseau sud des fontaines de la ville. . . . . 9,400 »
Restant en caisse et formant l'art. 105 du budget de 1862. . . . . 12,000 »
____
Total égal à celui de l'emprunt. . . . . . 66,000 »

Ce reliquat de 12,000 fr. a été reconnu exact par mon successeur, et par la commission du budget de 1866.

Les détails qui précèdent rendent un compte exact des fonds libres qui m'avaient été laissés par mon prédécesseur sur les ressources provenant de l'emprunt.

§ 2.

Améliorations réalisées au moyen des ressources ordinaires du budget ou de subventions et souscriptions.

En voici l'état aussi exact que possible. Les erreurs, inévitables en pareille matière, ne peuvent avoir une importance sérieuse. J'affirme d'ailleurs que, rectifiées, elles constitueraient une augmentation de dépenses :

Halle aux blés . . . . 18,500 »
Horloges publiques. . . . . 5,320 »
Jardin. . . . . 20,000 »
Concours régional. . . . . 13,000 »
Salle d'asile. . . . . 16,807 »
Ecurie des étalons et emplacement. . . . . 12,200 »
Chemin du Vizézy. . . . . 70,000 »
Augmentation de l'éclairage de la ville, 23 candélabres nouveaux . . . . 4,000 »
____
159,827 »

Eh bien ! cette somme de 159,827 fr. s'appliquant tout entière à des travaux neufs, et par conséquent à des dépenses extraordinaires, *totalement soldées à mon départ*, a été créée sans avoir recours ni à l'*impôt*, ni à l'*emprunt*, ni à des *surtaxes d'octroi*, ni à de *nouvelles taxes*.

Pour donner une idée de l'importance relative de cette somme de 159,827 fr., je dirai qu'elle représente une année et 17/20 des recettes ordinaires du budget, l'année 1859 étant prise pour type (86,694 fr.).

Et encore je ne fais pas entrer en ligne de compte les dépenses occasionnées, soit par l'assainissement de divers quartiers (acquisitions des maisons Larbès, Aulanier, Escaille, Fréry, Servaux, etc.), soit par l'installation des cours de musique et de dessin, soit pour les frais de premier établissement du service des boues, etc., etc.

Ainsi le capital immobilisé de la ville de Montbrison s'est augmenté de 159,827 fr. Cette augmentation s'est faite toute entière sur ses ressources ordinaires ou au moyen de celles que son administration s'est procurées en dehors de son budget ordinaire ou extraordinaire.

Enfin, j'ajoute que les économies ou augmentations de recettes résultant de ces travaux s'élevaient à mon départ à la somme de près de 4,000 fr. au moins, et élevaient d'autant les ressources de la ville.

Je le demande maintenant à mes concitoyens, la main sur la conscience : Le conseil que vous avez nommé, votre maire et vos adjoints ont-ils fidèlement accompli le mandat que vous leur aviez donné?... ont-ils justifié votre confiance? ont-ils administré sagement le patrimoine municipal? ont-ils réalisé d'importantes améliorations? ont-ils quelques droits à votre reconnaissance !...

Je l'ai cru, je le crois encore. Quand on s'est consacré, corps et âme, à l'administration de sa ville natale ; quand on a jeté tout son cœur dans une œuvre difficile de réparation ; quand tous les jours, pendant six années, on n'a eu d'autres préoccupations que celle de faire le bien et de bien faire ; quand on a augmenté le capital de la commune dans des proportions aussi considérables, on a le droit de croire, on a même celui de dire qu'on a rempli son devoir.

Passif.

J'arrive au point délicat, celui qui a servi de point de départ aux calomnies exploitées contre moi, et de thème favori à tous ceux qui, de bonne ou de mauvaise foi, avec un sentiment non dissimulé de satisfaction ou avec un sentiment de regret sincère, ont prétendu que j'avais endetté la ville, et que, par conséquent, je ne méritais pas cette popularité que je n'aurais conquise que par des moyens factices. On voit que j'appelle les choses par leur nom et que je ne dissimule pas la gravité de l'accusation. Eh bien ! j'affirme, au contraire, que les dettes laissées par moi, et qui se réfèrent toutes à l'entretien des bâtiments communaux, étaient moins considérables que lorsque j'ai été nommé maire.

Et d'abord, il ne peut s'agir ici de dettes consolidées et affectant le capital municipal. Il ne s'est contracté aucun emprunt pendant mon administration ; on n'a établi ni centime additionnel, ni taxe, ni surtaxe d'octroi. Il n'est question que de sommes dues pour entretien. En voici le détail exact, j'ai en main les pièces à l'appui.

Les sommes indiquées résultent, soit de la déclaration des ouvriers, soit du règlement de leur compte, arrêté en 1864 par M. Remontet, architecte de la ville.

Sommes dues aux ouvriers ordinaires de la ville de Montbrison à la fin de 1861.

Alberty, plâtrier	360 »
Galland, serrurier.	2,154 »
Levelut, fontainier	219 »
Taillandier, menuisier.	600 »
Lambert, maître maçon.	5,402 »
Galland, maçon.	172 »
	8,912 »

Et encore de 8,912 fr., est-il juste de déduire le payement qui allait être fait un mois et demi plus tard sur le crédit d'entretien, et qui aurait réduit le Passif à 5,700. Car il est d'habitude, presque dans toutes les administrations, d'arrêter les comptes des ouvriers à la fin de l'année, et de les solder ou de donner des à-comptes sur le crédit d'entretien de l'exercice suivant.

A mon entrée en fonctions, il était dû à :

Alberty.	152 »
Galland.	641 »
Levelut.	155 »
Taillandier.	*Mémoire.*
Lambert	10,000 »
	10,948 »

Nous n'avons pas pu nous rendre un compte exact de ce qui pouvait être dû à M. Taillandier. Mais quel que fût son compte, le passif s'élevait au moins à 11,000 fr., ce qui constitue une différence en plus de 2,200 fr. sur celui qui existait à mon départ.

Dans tous les cas, ce n'est pas, à coup sûr, ce chiffre de 8,912 fr. qui a pu me constituer, aux yeux de qui que ce soit, le démolisseur de la prospérité financière de Montbrison. Il ne s'écarte pas d'une manière très-sensible du passif des comptes courants des villes de l'importance de Montbrison. Une circonstance particulière l'élevait encore de 2 ou 3,000 au-dessus de ce qu'il aurait dû être, c'est la construction toute récente de la petite serre du jardin public. J'avais annoncé au conseil municipal que je lui proposerais un crédit spécial au budget additionnel de 1862.

Mais encore une fois, ce n'est pas ce chiffre de 8,912 qui pouvait donner à qui que ce soit des préoccupations pour l'avenir, ou des colères contre le passé. Non ; il n'aurait étonné personne, si on l'eût fait connaître. Mais il n'a jamais été déclaré, tandis qu'on a dit que les anciens comptes (et par anciens comptes, on entend toujours ceux arrêtés à mon départ) s'élevaient à 35,000 fr.... 35,000 !!!...

À la séance du 22 août 1863, une commission fut nommée pour les examiner : elle se composait de MM. Escaille, Goure et Surieux.

J'ai vainement cherché le rapport qu'elle a dû faire. Je n'ai trouvé, à la séance du 4 mai 1864, qu'une simple déclaration de M. le maire annonçant que les comptes s'élevaient, à ce jour, à 30.000 fr.

Mais le 28 octobre 1865, la question a été traitée, pour la première fois, par la commission du budget et par M. le maire, de façon à donner des chiffres officiels sur le montant de cette dette en 1861, et la somme à laquelle elle se trouvait réduite en 1865.

Au rapport de la commission, que je n'ai pas besoin de citer, M. le maire fit une réponse de laquelle je détache les passages suivants :

« Lorsque j'ai eu l'honneur d'être appelé à remplir les fonctions de
« maire, il y a quatre années, je succédais à une administration qui
« avait fait exécuter de nombreux travaux ; mais toutes les dépenses
« n'étaient pas payées ; il restait dû à cette époque aux différents ou-
« vriers de la ville, une somme de 35,000 francs environ sans aucun
« crédit pour éteindre cette charge. J'aurais pu établir alors une li-
« gue de séparation entre les actes de mes prédécesseurs et les miens ;
« j'aurais peut-être été prévoyant et habile en agissant ainsi, mais
« j'aurais manqué à ce devoir de solidarité qui doit toujours exister
« entre deux administrations également honnêtes et dévouées, et j'au-
« rais en outre méconnu les véritables intérêts de la ville ; vous le
« comprendrez mieux tout à l'heure.

« Les dettes dont je m'occupe sont anciennes ; quelques unes-re-
« montent aux années 1856 et 1857. Faut-il en rendre responsable
« uniquement l'administration qui m'a précédé ? non sans doute ; il
« est probable qu'elle a été dans la nécessité d'acquitter à son tour
« des comptes remontant à l'administration antérieure. Il en est ainsi
« partout. . . . .

. . . .

« Voilà, Messieurs, ce que j'ai fait pour résoudre d'une manière
« aussi satisfaisante que possible cette question des anciens comptes.
« Il sont descendus du chiffre de 35,000 francs à celui de 12,000 fr. ;
« il a donc été payé avec les ressources ordinaires du budget et sans
« avoir recours à des emprunts, une somme de 23,000 francs. »

Merci, monsieur le maire, pour ces sentiments aussi bien pensés qu'admirablement exprimés : merci pour cette solidarité que vous voulez bien subir au nom de la fraternité administrative.

Mais cette solidarité, si je l'accepte, il faut bien que quelqu'un m'en remercie, c'est celui auquel elle aura profité : car, je vous en donne ma parole d'honneur, sur ces 35,000 francs, il y en a bien 25 ou 26,000 qui ne me regardent pas. Que celui qui en est le bénéficiaire, et que je ne connais pas, me témoigne quelque reconnaissance pour le manteau dont je l'ai couvert à mon insu.

Mais vous, monsieur le maire, vous devez le connaître, puisque vous avez reçu, apuré et liquidé les comptes.

Eh bien ! tenez, j'aurais mieux aimé que vous ne vous exposiez pas à vous tromper, ou à être trompé et à tromper aussi grossièrement l'opinion publique. Vous auriez mieux fait de m'appeler dans votre cabinet pour vous donner les explications que j'aurais préféré, dans l'intérêt de votre administration, ne pas être obligé de donner aujourd'hui. Chacun alors eut eu sa part de responsabilité : cela vaut beaucoup mieux, car les responsabilités posthumes pèsent lourdement.

Quant à la mienne, je la dégage : c'est pour moi un devoir à tous les points de vue. Et j'ajoute que, comme l'amour de la vérité l'emporte dans mon esprit sur toutes les considérations, je viens invoquer ici, publiquement, deux témoignages ; l'un oral, que je ne connais pas ; l'autre écrit, que j'ai en mains.

Le témoignage oral est celui des membres de la commission nommée au mois d'août 1863, et dont M. Goure faisait partie. Qu'il ait l'obligeance d'éclairer le public sur les comptes dont ses collègues et lui furent saisis à cette époque.

Quant à l'autre témoignage, ce sont les bordereaux dressés par M. Remontet, et qu'il a bien voulu m'éviter la peine de chercher dans les archives en me les communiquant, ce dont je le remercie bien sincèrement. Or, ces bordereaux ou règlements de comptes sont ma plus éclatante justification de toutes les calomnies dirigées contre moi.

Sans entrer dans les détails de tous les chiffres que je pourrais discuter un à un, non dans leur sincérité absolue, mais dans leur application à des actes de mon administration, je me bornerai à relever les erreurs les plus grossières.

Que je fasse immédiatement une observation : c'est que M. Remontet ne peut être ici en cause. Il n'a été nommé architecte de la ville qu'à la fin de 1863. Il n'a point assisté à la soudure de l'ancienne et de la nouvelle administration. Pendant deux années, les travaux se sont faits sous une autre direction : les dossiers se sont formés sans lui ; on lui a donné des comptes à vérifier et il les a vérifiés. On lui a dit que tous ces travaux avaient été faits sous mon administration, et il l'a cru.

Il a notamment vérifié deux comptes de Galland, maçon, montant ensemble à 6,534 francs. Or, Galland n'a jamais travaillé sous mon administration. Je me trompe, il a raccomodé quelques tuyaux de fontaines, et il lui était dû, à mon départ, 172 francs !...

Il a vérifié un compte de Vaudoir, montant à 3,863 francs, pour travaux faits à l'Hôtel-de-Ville et au poids public.

Or, sous mon administration, Vaudoir n'a jamais travaillé à aucun bâtiment communal, pas plus à l'Hôtel-de-Ville qu'au poids public !...

Il a vérifié des comptes de Boissel, de Clerc ; jamais Boissel et Clerc n'ont travaillé pour la mairie sous mon administration !...

Il a vérifié des comptes de Galland, serrurier, s'élevant à 3,078 francs 55 cent. Or, j'ai le détail en main, et il n'était dû à Galland que 2,054 francs pour les comptes échus en janvier 1862. Le reste concerne des travaux faits en 1862 et 1863, c'est-à-dire après moi.

Je ferais des observations analogues pour les comptes de Lambert,

Taillandier, Alberty et Sagnard ; mais je crois inutile d'entrer dans des détails fastidieux pour le public.

Et ces deux bordereaux portent bien pour en-tête, l'un, *Travaux exécutés depuis* 1856 *jusqu'au* 1er *novembre* 1861, et l'autre, *État des dettes de la ville au* 21 *novembre* 1861.

Est-ce assez clair ?

Et l'on voudrait que je ne sois pas indigné de pareils procédés !

Ainsi, on fait faire par un architecte un état qui constate que je devais je ne sais précisément quelle somme à mon départ (car aucun chiffre ne concorde). Supposons que c'est 35,000 fr.; et de 1862 à 1865, on paye 23,000 fr. à mon acquit; voilà ce qu'on dit officiellement devant le conseil municipal avec lequel j'ai administré, et devant le conseil qui l'a remplacé !

Et cependant il n'était dû à mon départ que 8,912 fr.; et sur cette somme, il n'avait été encore rien acquitté, ou à peu près, alors qu'on disait qu'on avait payé 23,000 fr. d'à-compte.

Quel abus des chiffres ! quel abus d'affirmations officielles ! Il paraît qu'on a bien voulu croire sur parole, puisque rien ne semble avoir été vérifié.

Il fallait que j'eusse de bonnes épaules pour qu'on m'ait fait ainsi endosser une charge aussi lourde.

J'aurais bien au moins le droit de demander quelle est l'origine de cette dette, à quel usage ont été employés ces 23,000 fr. que je refuse d'accepter, et quel est le généreux inconnu dont on peut dire sans doute :

Is fecit cui prodest...

Je laisse au public la tâche ingrate de chercher, et à ceux qui furent nourris dans le sérail, le privilége de trouver.

Dans tous les cas, ce n'est pas mon affaire ; je n'y étais pas ; je ne puis rien dire, parce que je ne sais rien ou ne veux rien savoir. Mais ce qui me regarde tout-à-fait, c'est d'affirmer hautement, énergiquement, que sur les 35,000 fr. de dettes qu'on a voulu m'attribuer, il y en a 25 ou 26,000 contractés par d'autres que par moi. Au lieu d'avoir porté atteinte aux finances de la ville, je les ai laissées dans un excellent état.

J'attends et je défie les contradicteurs.

Et je conclus :

Le magistrat qui accepta d'administrer la ville au moment où tout le monde jetait le manche après la coignée, au milieu du découragement et de la tristesse de notre découronnement ;

Qui géra les intérêts de Montbrison avec un infatigable dévouement, et poursuivit toutes les améliorations en n'épargnant ni son temps ni sa peine ;

Qui avait, à toutes les heures, les portes de son cabinet et de sa maison ouvertes pour tous ceux qui avaient besoin de lui ;

Qui a fait tout ce qui était en son pouvoir pour être utile ou essayer d'être utile à ses administrés (parmi ceux qui l'attaquent aujourd'hui, il en est bien qui le savent) ;

Qui a pris l'initiative, auprès du conseil municipal, de projets qui ont doté la ville d'améliorations considérables ;

Qui, avec quelques amis dévoués, a forcé la compagnie de Lyon à faire, contre son gré, l'embranchement d'Andrézieux, si désiré par nos concitoyens ;

Qui a dépensé plus de 150,000 francs en travaux utiles, sans augmenter les dettes municipales et sans grever la ville d'aucun centime additionnel, d'aucune taxe ni surtaxe ;

Qui a obtenu près de 100,000 francs de secours, subventions ou dons volontaires ;

Qui, au moment où il a quitté la mairie pour aller prendre possession de cette préfecture qui lui a été reprochée, a cependant recueilli les témoignages publics les plus touchants de la sympathie de ses collègues et de ses concitoyens ;

Qui, deux mois après son départ, a reçu du conseil municipal une médaille d'or, offerte dans les termes les plus flatteurs, et acceptée comme un titre d'honneur pour lui et ses enfants ;

Ce magistrat n'a-t-il pas le droit de demander justice à ses concitoyens et à ses amis, lorsqu'on méconnaît les services qu'il a rendus au point de lui reprocher de n'avoir été qu'un ambitieux vulgaire, d'avoir fait sciemment et vulgairement de sa mairie un marchepied pour monter plus haut, et d'être parti, en secouant sans vergogne, la poussière de ses souliers sur sa ville natale, après avoir ouvert sur elle le gouffre de la ruine ?

Au moment où les événements de ces temps derniers le rendent à son pays natal et à la vie privée, après avoir reçu dans les départements qu'il a administrés les plus hautes distinctions auxquelles il pût prétendre (1), il est une chose à laquelle il tient pardessus tout : c'est à conserver l'estime de ses concitoyens. Cette estime ne peut subir la fluctuation de la politique, parce qu'elle est née dans des circonstances qui lui furent totalement étrangères. Les préoccupations du présent et les incertitudes de l'avenir ne doivent point rendre injustes pour le passé.

(1) Deux grandes médailles d'or : l'une offerte par le conseil général de l'Ain dans sa session de 1867, l'autre dans la Dordogne, le 15 août 1869.

TABLE

Saint-Etienne, imp. v° Théolier et Cⁱ